D1699015

I N D I C A   E T   T I B E T I C A

Monographien zu den Sprachen und Literaturen
des indo-tibetischen Kulturraumes

Herausgegeben von Michael Hahn
unter Mitarbeit von Jens-Uwe Hartmann und Konrad Klaus

Band 15

THE SUPRIYASĀRTHAVĀHAJĀTAKA

Edited with an introduction

by
RATNA HANDURUKANDE

INDICA ET TIBETICA VERLAG BONN 1988

THE SUPRIYASĀRTHAVĀHAJĀTAKA

Edited with an introduction

by

RATNA HANDURUKANDE

INDICA ET TIBETICA VERLAG BONN 1988

The signet showing Supriya in his ship is taken from a Narthang series of woodcuts of Kṣemendra's Avadānakalpalatā

CIP-Titelaufnahme der Deutschen Bibliothek

The **Supriyasārthavāhajātaka** / ed. with an introd. by Ratna Handurukande. — Bonn : Indica-et-Tibetica-Verl., 1988.
(Indica et Tibetica ; Bd. 15)
ISBN 3-923776-15-2

NE: Handurukande, Ratna [Hrsg.]; GT

Printed in Germany by R. Schwarzbold, 5305 Witterschlick bei Bonn

ISSN 0723-3337 ISBN 3-923776-15-2

TABLE OF CONTENTS

ACKNOWLEDGMENTS

It gives me great pleasure to express my gratitude to Professor Dr. Minoru Hara of the University of Tokyo with whose help I had easy access to the manuscripts of the *Supriyasārthavāhajātaka* used in this edition; to Professor Dr. Michael Hahn of the University of Bonn (now Marburg) for valuable comments on the text and for publishing it in the **Indica et Tibetica** series edited by him; to Dr. Jens-Uwe Hartmann and Dr. Konrad Klaus, coeditors of the **Indica et Tibetica** series, for going through the manuscript carefully and making several helpful emendations; to Dr. Magdalene v. Dewall of the University of Heidelberg for concerned interest in this publication; to Dr. Tilaka Mettananda of the University of Peradeniya for providing me with congenial surroundings in which I could work at this text; and to the Research Grants Committee of the University of Peradeniya for allocating funds to cover the expenses incurred in getting copies of the manuscripts used.

Peradeniya, 11.7.1988

Ratna Handurukande

INTRODUCTION

The text of the *Supriyasārthavāha-jātaka* presented in this publication is based on seven manuscripts found in Kyoto and Tokyo. These designated by me as A, B, C, D, E, F, and G are as follows:

A Leaves 271a5 - 292b2, containing *adhyāya* 32, of the *Bhadrakalpāvadāna* manuscript No. 75 (E 264) in the possession of the Faculty of Letters, Kyoto University.[1] The colophon of the manuscript (292b) giving the name and identity of the story reads: *Iti Śrībhadrakalpāvadāne Aśokopaguptasaṃbhāṣaṇe Supriyasārthavāhajātakaparivarto nāma dvātriṃśatitamo 'dhyāyaḥ*. The script used in the manuscript is Newari. The numbers given in the text are those of the leaves of this manuscript.

B Manuscript No. 127 (E 265) of the *Supriyasārthavāhajātaka* (36 leaves, 7 lines) in the possession of the Faculty of Letters, Kyoto University.[2] The colophon of the manuscript reads: *Iti Śrībhadrakalpāvadāne Aśokopaguptasaṃbhāṣaṇe Supriyasārthavā(ha)jātakaparivarto nāma [vadāna] dvātriṃśatitamo 'dhyāyaḥ*. The script is Newari.

C *Supriyasārthavāhajātakaparivarta* inserted in the *Divyāvadāna* Manuscript No. 171 in the Tokyo University Library.[3] The colophon reads: *Iti Śrībhadrakalpāvadāne Aśokopaguptasaṃbhāṣaṇe Supriyasārthavāhajātakaparivarto nāma dvātri(ṃ)śatitamo 'dhyāya(ḥ)*. The word *'aṣṭamo'* however is written above the word *'dvātriṃśatitamo'*, presumably by the person who inserted the chapter in the *Divyāvadāna* manuscript, at the place where one expects chapter 8. Chapters 8 and 9 are missing in this *Divyāvadāna* manuscript. The script of the manuscript is Newari.

D Leaves 223a1 - 241b2 containing the thirty-second chapter of the *Bhadrakalpāvadāna* manuscript No. 266 kept in the Tokyo

---

[1] Goshima, Kiyotaka and Noguchi, Keiya. *A Succinct Catalogue of the Sanskrit Manuscripts in the Possession of the Faculty of Letters, Kyoto University*. Kyoto 1983, p. 21.

[2] Ibid. p. 37.

[3] Matsunami, Seiren. *A Catalogue of the Sanskrit Manuscripts in the Tokyo University Library*. Tokyo 1965, pp. 71, 223.

University Library. The manuscript is dated 1025 of the Nepalese Saṃvat era (= 1905 A.D.) and its script is Devanāgarī.[1] The colophon given at the end of the chapter is the same as that of A, B, and C.

E Leaves 368b3 - 422b3 containing the thirty-second chapter of the *Bhadrakalpāvadāna* manuscript No. 267 kept in the Tokyo University Library. The script of the manuscript is Devanāgarī.[2] The colophon is the same as that of A, B, C and D.

F Leaves 309a7- 330a8 of the *Saṃbhadrāvadānamālā* manuscript No. 429 kept in the Tokyo University Library. The script of the manuscript is Newari. The stories in this collection are also related in the form of a dialogue between Aśoka and Upagupta.[3] The Supriya story here, called the *Bhagavatsupriyasārthavāhajanmāvadānaparivarta*, forms the fortieth in the collection as stated in the colophon: *Iti Sa(ṃbha)drāvadānamālāyaṃ Bhagavatsupriyasārthavāhajanmāvadānaparivartaś* (ms. *pravṛttaś*) *catvāriṃśad adhyāyaḥ samāptaḥ*. The *Supriyāvadāna* is also the last story in this manuscript.

G Leaves 1b1 - 65a5 containing the thirty-second chapter of the *Bhadrakalpāvadāna* manuscript No. 479 kept in the Tokyo University Library. The colophon reads: *Iti Śrībhadrakalpāvadāne Aśoko(pa)guptasaṃbhāṣaṇe Supriyasārthavāhajanmaparivarto nāma dvātriṃśatitamo 'dhyāyaḥ*.[4] The script is Newari.

A study of the variant readings of the seven manuscripts recorded in the notes to my edition of the text indicates that all the manuscripts are copies of a common archetype. That this archetype was not the original can be suggested on account of several erroneous readings contained in all the manuscripts.[5] A close correspondence of readings in ABCDEG suggests their belonging to a common hyparchetype as distinct from that of F. I found the readings of F more acceptable than those of ABCDEG in many instances.

---

[1] Ibid. pp. 99, 220.

[2] Ibid. pp. 100, 220.

[3] Ibid. pp. 152, 237.

[4] Ibid. pp. 169, 220.

[5] Compare notes given at verses 65b, 72d, 80a, 90b, 91a, 125bc, 137a, 140c, 165c, 190f, 205c, 223a, 224a, 225ac, 230a, 244a, 244c, 251d, 263b, 270d, 281a, 289a, 337c, 373a, 394d, 408a, 425c, 426c, 442b, 444d, 448b, 453b, 466d, 475d, 489d, 519d, 530b, 553cd, 581b, 592a, 611a, 625b, 632d, 665d, 695c, 700b, 718c, 723a.

The language and the style of the text is that of the class of narrative literature called *'avadānamālā'*, mostly metrical adaptations of older works, the period of composition of which is said to be about the sixth century A.D. and later.[1] The following forms of the gerund or indeclinable participle occuring in the text, where the suffix *'tvā'* has been used even when the root has one or more prefixes (irregular from the point of view of classical Sanskrit), can be noted: *saṃbaddhvā* 126d, 133b; *saṃdhṛtvā* 143b; *saṃsādhitvā* 204b; *proktvā* 233c, 373c, 501a; *ānatvā* 262c; *praṇatvā* 269b, 673b, 773d; *abhyanubuddhvā* 319a; *anubuddhvā* 323c; *abhyanusmṛtvā* 375c; *saṃśrutvā* 421b; *samupasthitvā* 485c; *samanumoditvā* 578c; *pradattvā* 579d; *saṃpradhṛtvā* 604c; *prabhuktvā* 610a; *pragatvā* 701b; *parityaktvā* 726c; *anuśāsitvā* 727c. There is one instance where the suffix *'ya'* was added in forming a gerund in the absence of a prefix to the verbal component, viz. *sthāpya* 713d.

Instances of the occurrence of a peculiar formation of the past passive participle can also be listed as follows: *pradīptitāḥ* 337b; *pradīptitān* 338b; *abhidīptitāḥ* 340b; *pradīptitam* 340d; *prasuptite* 371b; *pūrṇitāḥ* 415b; *samicchitaiḥ* 442b; *samicchitaṃ* 677c; *samṛddhitāḥ* 678b, 685b, 691b, 698d, 703b; *svasvecchitam* 697d; *anujīrṇita* 713b. Similar forms were noted in a metrical recension of the Maṇicūḍa legend included in the *Mahajjātakamālā*.[2]

The content of the story related in this text can be paraphrased as follows, the numbers given in parenthesis being those of the verses in the text.

The Buddha then related one of his own past stories (1-2). It is as follows: In the past, there lived in the city of Kāśi, a king, Brahmadatta by name, a righteous ruler, devoted to his subjects. At that time, a rich and prosperous merchant called Priyasena lived in Benares. He had a son, known as Supriya, wise, strong, handsome and of good speech. Clever and intelligent even as a child, full of devotion to his teachers, he mastered all the arts and sciences and took to trade as his mode of life. In course of time, his old and feeble father fell ill and died, calling to mind his family gods. The king then made Supriya the chief of merchants and did him honour (3-9).

---

[1] Winternitz, M. *A History of Sanskrit Literature*. Vol. II. Calcutta 1933, p. 291.

[2] Handurukande, Ratna. *The Maṇicūḍa Study*. Buddhist Studies. (Bukkyō Kenkyū). Vol. V. Edited by the International Buddhist Association. Hamamatsu. Japan. 1976, p. 271.

One day, seeing people come to his house, Supriya asked them why they turned up at his mansion daily. They said that they, being poor, came to him who was rich and an excellent giver. Surprised and distressed on hearing that the people of Kāśi were poor, he expressed his wish to share all his wealth with them. Dissuaded by the people themselves from doing so, he decided to go to sea, to find jewels with which he could make everyone rich. Summoning his friends, the merchants, he said he was going to sea and asked those among them who wished to do so, to accompany him. Those merchants rejoiced at the idea of joining him in his journey. Asked to come with goods for sale, they went to their respective homes, paid obeisance to kinsmen and friends, received their approval and returned with their merchandise. Then the merchant-leader and five hundred merchants set out from their homes in Benares, rites of blessing duly observed (10–33).

Going past mountain, village and province, the merchants saw a large ocean in the far distance. On reaching its shore, Supriya, the leader, spoke to a seaman and bade him take them to sea. The seaman agreed and brought a strong ship. The merchants went in, bowing to it and thinking of the family gods. Launched by the seaman and set in motion by the winds, the ship sailed and reached a *ratnākara*, a mine of jewels, in the huge ocean. There, delighted, Supriya collected many jewels and began to return home with his friends. Suddenly, in the middle of a forest, a thousand thieves came to rob them of their jewels. Supriya, not availing himself of the option given to him of going away unharmed, leaving his followers to be robbed, sent the thieves away, giving them a sum of money and advising them not to indulge in theft. The merchants returned home and related the incident to their friends and kinsmen, who praised Supriya saying, "You are virtuous, o illustrious one" (34–60).

Thereafter Supriya lived, practising generosity and bent on the welfare of the world. The thieves accosted him four times on his journeys and asked for wealth to live on, for they no longer robbed others, listening to his advice. The kind Supriya gave a seventh share of his wealth and asked them again to refrain from theft. Then, as there was some shortage at the time of examining the accounts, Supriya went to sea again a fifth time and a sixth time and on each occasion, he gave the thieves their share of wealth, saved his fellow-merchants, and on returning practised generosity and accumulated merit (61–72).

Yet again Supriya went to that mine of jewels, the sea, and was confronted by the thieves as usual on his return journey. "We are thieves living in the forest. We are not craftsmen, merchants, cowherds or farmers. We need to live and we live by theft. Therefore, go away yourself and we shall plunder all your wealth," the thieves said. Looking upon them with compassion, Supriya assured them that he would give them wealth which they could enjoy and live righteously. He carried out his promise and the thieves went to their abodes in the forest, pleased (73–88).

But, a sad Supriya wandered about in the forest, and sat under a tree, thinking, "Seven times have I given wealth to these thieves and yet they are not satisfied. How then can I satisfy the whole world with wealth? But that exactly is what I have vowed to do. How can that wish be accomplished? What purpose is there in life if one cannot fulfil one's own promise? Who will console me, enlighten me or help me in this enterprise?" Bereft of hope and despondent in mind, Supriya fell asleep, all his senses overpowered by drowsiness (89–94).

Seeing Supriya whose senses were stilled by sleep, the goddess of the forest spoke, consoling him. "Despair not, O Exalted Being. Your promise will be fulfilled without fail. Be strong and persevering. There is a wish-conferring gem in the port-city of Badara in Jambu-dvīpa. Go there, get it and effect the welfare of the world." The goddess said this and disappeared. Supriya woke up, remembered what he heard in the dream and thought, "Where is Badaradvīpa and how does one get there? I could not ask that goddess. I do hope she appears again and tells me." As he lay thinking, he fell asleep again (95–104).

The goddess came and spoke to Supriya again. "Badaradvīpa, where there are many wealth-conferring gems, lies in the western quarter. It has to be reached, passing five hundred islands, seven huge mountains, and seven large rivers on the way. Only Great Beings can pass these, and they, too with the help of the gods, and their own strength and virtue. Beyond, on the way to Badaradvīpa, are the following:

The ocean called Anulomapratilomaka, where winds of the same name blow. Crossing this ocean by ship, one reaches the mountain Anulomapratilomaka, where again the Anulomapratilomaka winds blow, moved by which a person loses consciousness, eyes half-blinded and senses bewildered. But it is possible to pass that mountain, by anointing one's eyes with the herb called Amoghā and tying it around the head. Follow this procedure and move on, for there is no other way (105–116).

The ocean called Āvarta which can be crossed with the help of a ship. Here, winds called Vairambha, blow violently. These winds swing a person round and round in a whirlpool seven times, move him a *yojana* forwards to emerge at a second whirlpool, to be whirled again seven times. This process is repeated at a third, a fourth, a fifth and a sixth whirlpool, there being a distance of a *yojana* between each of them. A *yojana* further, that ship will emerge, with which it is possible to cross the ocean. On doing so, one sees a huge mountain, Āvarta by name. A cruel *rākṣasa* called Śaṅkha lives on that mountain. There is also a medicinal plant there, Śaṅkhanābhī, which shines during day and smokes at night. No one can touch that plant which is clutched by a *nāga* who sleeps during the day and moves around at night. Only by getting hold of that plant while the *nāga* is asleep, anointing the eyes with it and tying it around the head, can one climb over that mountain. Do so, for there is no other way (117–128).

The huge ocean Nīloda. Here lives a cruel, merciless *rākṣasa* called Raktākṣa. His eyes, bright like a blazing fire and bearing the colour of the risen sun, remain open when he is asleep, and closed when he is awake, while his breath sounds like the thunder of clouds. There is also a herb called Makarī in that ocean. Anointing one's eyes with it and tying it around the neck, after reciting the *dhāraṇī* formula, Eraṇḍā, preached by the Buddhas, one can go near that *rākṣasa* and cross that ocean quickly. Follow this procedure for there is no other way to go past that ocean. Beyond the Nīloda ocean, there is a huge mountain, Nīloda, unbroken, blue, long and very high. There is a demon there, Nīlagrīva, who, cruel, most merciless, and fierce, is accompanied by five hundred followers. The eye of one who looks at that dark blue mountain suffers injury, and faintness overcomes him. A *yojana* ahead, there is a herb called Amoghā. It is held by a *nāga*, who has poison in his tongue, eye, breath and touch. When asleep he issues forth smoke, touched by which all beings, birds, beasts and others fall dead. Observing religious vows after a bath, cultivating thoughts of compassion, and remembering all the victorious Buddhas, one should get hold of that herb, anoint the eyes with it, tie it on the head and pass that mountain, unhindered by blindness, faintness or the danger of demons (129–144).

The large ocean Vairambha. The Vairambha winds blow in this ocean which lies beyond the mountain Nīloda. Even sea-animals, demons, goblins and spirits cannot move in its water, which is stirred up by the winds. North of that ocean, there is a wood, Tāmrāṭavī, with a grove of sal trees and a large well in the middle of it. A huge serpent, Tāmrākṣa, lives there. It sleeps for six months, when a continuous stream of saliva flows out of its mouth. Beyond, there is a bamboo grove and a massive rock, where there is a large cave in which there is a lustrous herb called Saṃmohanī. It is only after anointing the eyes with it and tying it on one's head that one can go past the sleeping serpent. Follow this procedure and go beyond Tāmrāṭavī, with courage, living on roots, fruit and leaves (145–155).

Seven mountains and seven rivers beyond Tāmrāṭavī. All seven mountains are covered with bamboo thorns. Go over them binding your feet with copper-slabs (*tāmrapaṭṭa*) and then there will be seven large alkaline rivers, on the banks of which are groves of silk-cotton (*śālmalī*) trees. Make a huge boat, tying together planks of the silk-cotton tree, and cross the rivers without touching the water (156–159).

The Triśaṅku mountain located beyond the rivers is full of sharp thorns, also called Triśaṅku. Protect your feet with slabs of copper bound with cords of reed and go over the mountain, when you will see the Triśaṅku river. There are sharp thorns in this river, each measuring eighteen fingers' breadth (*aṅgula*). Make a boat again with planks of the silk-cotton tree, and cross this Triśaṅkukā river without touching its water (159–162).

Ayaskīla, a very high mountain, seen next, has the Ayaskīlā river beyond it. Cross these with the power of herbs and charms (163–164).

Aṣṭādaśavakra, yet another high mountain, will appear next. It is covered all over with trees and there is no way out except by jumping from tree to tree. Do so, exerting the power of your strength and remembering the Buddhas. The river Aṣṭādaśavakrikā, which lies beyond this mountain, is large, swift in speed and full of crocodiles. Cross it without touching its water, your feet bound with cords of reed (165–168).

Ślakṣṇa, smooth and slippery, a high mountain with no entrance or track, will appear next. Pierce it with iron pegs and go over it, bent low. And beyond, there will be the river Ślakṣṇā, rapid and deep, teeming with sea-monsters and crocodiles. Cross it by ship, with the power of spells and strength, and thinking of the Buddhas (169–172).

Dhūmanetra is the name of the mountain that lies beyond the Ślakṣṇā river. Huge and invisible, like a mass of smoke rising high, it spills smoke, touched by which all beings become motionless, their senses overpowered. They die and go to the abode of Death (*Yama*).

There is a huge cave on that mountain. Look for it and open its door. And behold, it will be full of serpents. Go past it and you will see, at the top of the mountain, a pool with plenty of water and a huge rock inside. Split open the rock and there will be a cave, where there is a herb called Saṃjīvanī, and a jewel, Jyotīrasa, glittering like a large lamp. Rub your body with the herb and you can go over the mountain, past the serpents who will not be able to sting you (173–181).

The seven Āśīviṣa mountains and the seven Āśīviṣa rivers lie beyond the mountain Dhūmanetra. There is a large grove of silk-cotton trees on the banks of the Āśīviṣa rivers. Build a strong ship with planks of these trees, and get on board, covering yourself with a piece of flesh. The serpents living there will smell the flesh, and move to the opposite banks. You can then move on (182–185).

Sudhāvarṇa, a huge mountain, will appear next. Climb it and you will notice that the earth around is golden. The Rohitaka provinces there are large and prosperous. And you will see the city, Rohitakaṇṭha, twelve *yojanas* in length and seven in breadth; surrounded by seven ramparts, embellished with sixty-two gateways; resplendent with beautiful, well-ornamented, golden houses; replete with all kinds of goods; an excellent abode of Śrī, the Goddess of Prosperity; crowded with people; resembling the heaven of the Thirty Gods; full of parks decked with flowers that bloom and trees that bear fruit at all seasons, herbs of all kinds, and excellent ponds having an abundance of flowers, splendid and jubilant with flocks of birds. King Rohitaka, a supreme ruler, rules over that city (186–192).

Magha, a chief of merchants, lives in this city. He is a great and noble person, bent on the welfare of all beings. He will speak to you of Badaradvīpa. Follow his instructions, and acquire that great wish-conferring gem from there. Your promise will then be surely fulfilled." Saying this, the goddess disappeared (192–196).

Supriya woke up, remembered his dream and decided to follow the instructions of the goddess, so that he could get that jewel. He spoke to his friends about his decision to go to Badaradvīpa. They tried to dissuade him but he would not change his mind. Supriya's wife, Sulapanā, who heard about his intended departure from his friends, wept and lamented, and made offerings and paid respect to the family gods in his name. Then she lived like a widow, clad in white, wearing no ornaments, eyes full of tears (197–216).

The wise and noble-minded Supriya set forth on his journey,

remembering that goddess and paying obeisance to the guardian gods. He passed the five hundred islands, the seven mountains and the seven rivers, living on fruits, roots and flowers. At the end of twelve years, he reached the city of Rohitaka and stood in a park, where he saw a man approaching him. "Is there, in this great city, a leader of merchants called Magha?" Supriya asked, and the man said, "There is a wealthy merchant-chief by that name here, but he is on the verge of death right now, afflicted with a severe disease." Supriya, dejected on hearing this, heaved a sigh and thought, "May he not die before I see him, for who then will direct me to Badaradvīpa?" Then he went to see Magha, but was stopped by the doorkeeper, who said that his master was ill and bereft of his senses." I am a physician come to see your sick master," Supriya said, and was let into Magha's residence. He observed the symptoms of Magha's disease and knowing that he had only six more months to live, he did everything possible to appease that illness. Prescribing suitable medicines and a wholesome diet, Supriya, skilled in the art of healing, attended upon Magha, as a good son would a father, paying heed to all his needs (217-238).

Magha regained his health and spoke to Supriya. "You are indeed a fortunate person. Where have you come from and for what purpose?" Supriya replied, "I shall tell Your Hounour why I have come from Jambudvīpa. Listen carefully, O Great-minded One. There is, in the city of Vārāṇasī, a householder called Priyasena, a leader among merchants. I am his son, Supriya, a merchant-chief myself. My compassion aroused on seeing people in distress, I resolved to make them happy. I have come to seek your help to acquire the great jewel so that I may fulfil my resolve. I wish to go to the city of Badaradvīpa with you. Be so kind as to lead me there, Good Sir" (239-246).

Magha noted Supriya's request and said, "You are young, O Great Being, and you have a mind that is great and a body which is righteousness itself (*dharmakāya*). I note that you are endowed with excessive strength, excellent, surpassing that of human beings. You have come from Jambudvīpa, past these rivers and mountains. I consider you to be a god possessing super-human power but bearing the guise of a human being. There is nothing that cannot be achieved by you. Therefore, ill as I am, I like to accompany you to the city of Badaradvīpa, to help you fulfil your resolve. Bent on the welfare of others, you are not concerned even about your own life. Who will not want to discard one's own life to help you in this, your enterprise? Bring a strong ship and provisions, so that we can set off on our journey for the good of the world". Supriya did so and Magha informed his kinsmen and friends about his impending departure. Their dissuasions having failed, Magha and Supriya entered the ocean, on their journey (247-269).

As they went into the ocean, Magha, gripped by pain, spoke to Supriya, "Dear child, I am struck by a severe disease. Spread out a soft couch for me, reposing on which I will continue the journey. As we proceed, various colours and signs will appear. Keep me informed of these." Supriya prepared a couch, and Magha, getting up slowly, lay down on it, calling the gods to mind (270-278).

Set in motion by the winds, the ship moved on and Supriya saw the water become a yellowish white. Informed of this, Magha said, "It is not the water that is white. But in the south, you will see a high, white mountain, the shadow of which has given the water its shade. Twenty varieties of minerals are found on this mountain, melting which pure gold and the like can be obtained. People of Jambudvīpa take these and go back happy. This is the first sign on the way to Badaradvīpa" (279-286).

Further on, after a long distance, Supriya saw the water turn dark, the colour of iron. Amazed, he informed Magha who said, "That is not so, dear child. There is, in the south, a mountain of the colour of iron, which has given the water its hue. Here again are different types of minerals, melting which riches like gold can be obtained. This mountain is also famous for its gems like the cat's eye (*vaiḍūrya* gems). Men from Jambudvīpa go back home, taking these minerals and gems. Know this to be the second sign on the way to Badaradvīpa" (287-295).

As they went into the far distance, Supriya informed Magha that the water had turned dark blue. Magha explained that the water had received its colour from a huge metal mountain in the south. "This mountain, rich in minerals, jewels and wealth, helping themselves to which mortals go back home, is the third sign on the way to Badaradvīpa," Magha added (296-302).

Further on, Supriya informed Magha that the water was red. Magha said, "The water here is not red. Look at the south, and you will see a copper mountain full of copper and other minerals, jewels and wealth, which men gather with delight. This mountain, the fourth sign on the way to Badaradvīpa, has given the water its shade of red" (303-308).

Sailing again, Supriya noticed that the water was all yellow. Magha explained once again that a gold mountain in the south had given the water its hue. "People take gold from here with which they enjoy themselves and practise generosity," he added (309-313).

As they moved on, Supriya saw the water become a bright white, and amazed, he asked Magha the reason for this. Magha said, "There is, in the south, a silver mountain, which contains silver, and various gems besides, which people take away. It is this mountain which has given the water its sheen of white" (314-318).

They continued the journey, when Supriya noticed that the water was green. Magha explained how the water had acquired this shade from a huge mountain in the south containing cat's eyes, which people help themselves to and take away (319-323).

The water further on appeared to be as clear as crystal. Supriya learned from Magha, that a crystal mountain in the south was reflected in the water. "Residents of Jambudvīpa enjoyed the wealth of this mountain too," Magha added (324-329).

Proceeding from there, Supriya saw water of a blend of blue, yellow, red and white. "O merchant, I see here a mosaic of colours," the amazed Supriya said. "It is a mountain of four kinds of gems in the south that has given the water its colour in this instance," Magha explained (330-336).

Then Supriya seemed to see lamps inside the water. "It appears as though lamps have been lit in the water. What sign is this, Good Sir?" asked Supriya. "They are not lamps at all, dear child, but strong herbs, lending their lustre to the water. The best of physicians use these and take pleasure in appeasing all diseases. And this is the tenth and last sign on the way to Badaradvīpa," Magha said (337-342).

Supriya then asked how long the journey to Badaradvīpa will take and how much more distance they needed to cover. Magha confessed that he himself had not been to Badaradvīpa but recalled hearing from senior merchants that one had to go beyond the shore in a westerly direction (343-347).

Magha then remained silent, assailed by the pain of disease, his whole body in torment. Supriya, remembering the goddess, prayed that Magha's life be saved. Magha heard this and spoke to Supriya. "An intolerable pain afflicts my body, my dear. Therefore, take the ship ashore and dispose of my body according to rite, when my life is no more. Do not grieve over my death and be distressed in mind." Supriya followed his orders. When Magha died, he paid homage to his body, had it burnt and let the bones be borne along by the sea (348-357).

Discarding grief over Magha's death, Supriya wondered where he would go next and then decided to let fate take its course. Just then, the ship was carried away by a strong wind, and Supriya, full of heroic vigour, sailed towards the west (357-360).

Reaching a huge forest near a montain made of four varieties of gems, Supriya wandered about there, eating roots and fruits, when he saw a high, slippery mountain many *yojanas* away. Supriya, though very strong, could not climb it, try as he would. Then he rubbed his feet with honey and managed to climb over the mountain, to continue his journey (361-365).

Many *yojanas* further, Supriya saw another mountain, which he found unable to climb over. Helpless and dejected, he fell asleep. Then, a *yakṣa*, called Nīlāda, recognised him as a great *bodhisattva*, who was on his way in quest of a jewel to effect the welfare of all beings. Deciding to help Supriya, Nīlāda spoke to him and said, "Move on and you will see three high peaks, a *yojana* away from here. Go past these, with the help of a sharp cane." Nīlāda then woke Supriya, and disappeared. Supriya followed his instructions (365-377).

Next, Supriya saw a crystal mountain, which no man could enter. He spent day and night, feeling dejected, unable to find a way of passing it. A *yakṣa* called Candraprabha, living on that mountain, decided to help Supriya, knowing his worth and intent. "Grieve not, Good Sir," he said, "at a distance of about a *krośa* from here, you will see a sandalwood forest, with a huge rock in it. Split open this rock and you will see a cave, where you will find a herb called Prabhāsvarā, possessing five beneficial qualities. It will not let weapons touch your body, nor will it permit the appearance of evil spirits. It will bestow power and strength and provide light. Take this herb and proceed, when you will see a staircase made of four kinds of jewels, ascending which you can go past the crystal mountain. As you do so, the herb will disappear, but do not grieve over this." Candraprabha said this and disappeared. Supriya acted accordingly, and everything happened, true to Candraprabha's word (378-397).

As he went ahead, Supriya saw a city of gold, beset with gardens, groves and pools. Delighted, he went to its gate, but found the place desolate and empty. Dejected, and thinking, "When will I go to

Badaradvīpa and get that jewel?" he fell asleep, overcome with drowsiness (398–401).

Then the goddess who spoke to Supriya at first came again at dawn and spoke. "Well done, Great Being, well done. Take courage and look at me. I have come to console you and to congratulate you. Crossing difficult and impenetrable regions, you have now reached the city of Badaradvīpa. Rejoice on that account, and move on, mindful, and with senses guarded. Fearless, go to the city gate and knock at its door three times. Four *kinnara* maidens, well-formed and well-adorned, pleasing and skilled in all the arts, will come and try to entice you, fondly saying, 'Welcome, O Great Being. Come and make us happy. Be lord, master and husband to us who have no husband. Look at these beautiful houses and mansions. Live in them as you please. Here are good garments, divine and fine, and also ornaments. They are all yours. Food and drink of all kinds, delicious and wholesome, are found here, in plenty. Partake of these, O Noble-minded Sir, and help yourself to these riches, minerals and jewels. The gardens here, decked with flowers at all seasons, are full of herbs and trees bent with the weight of fruits. The pools here, full of clear and pure water, have an abundance of flowers like the lotus and the lily, and are frequented by birds, swans and the like. Bathe in these, then dine and wine and enjoy yourself with us.' Resist their charms, however, and look upon them as if each of them were your mother, and preach them the good doctrine. Pleased on hearing your ambrosia-like words, they will give you a wealth-conferring gem. Ask them about its virtues, do as they tell you, and see that the world rejoices with the riches the gem will yield (402–421).

Go next to the second city of the *kinnara* maidens, and knock at the city-gate three times. Eight charming women, lovelier than those in the first city, will come and try to lure you. But, regard each of them as your mother as before and preach them the doctrine. They will then give you an even better jewel, accept it, learn its virtues, do as the maidens tell you, and give delight to all men, fulfilling their hearts' desires (422–428).

Sixteen *kinnara* maidens will come, when you knock thrice at the door of the third *kinnara* city. They, beautiful in limb, divine in form, well-versed in all the arts, bent on amorous enjoyment, will exercise their seductive charms on you. Behave as if they were your sisters, enlighten them with your doctrinal discourses, receive the valuable gem they will give, and endowed with the wealth it offers, confer delight on all men (429–436).

On your knocking at the door three times at the fourth *kinnara* city, thirty-two damsels will appear. Pleasing in form and charming in manner, they too will wish to enchant you. Think of them as your daughters and teach them the doctrine. They will give you an excellent jewel, which will confer wealth and pleasure. Give away that wealth and work for the welfare of all beings. Thus all your wishes will be fulfilled, and you will attain enlightenment too, as a result of these good deeds." The goddess disappeared, after giving these instructions to Supriya (437-445).

Supriya woke up early in the morning, remembered what the goddess told him in his dream and decided to test the truth of what she said. He went to the city of gold, and was greeted by four charming damsels, who said and did exactly what was predicted in the dream. Supriya resisted their charms and the maidens led him to a mansion in the city, made him sit on a splendid seat, and sat aside themselves. Looking at them with a kindly eye, Supriya spoke to them of the ten evil deeds that one must avoid and the ten good deeds that one must cultivate. "Bodily evil is three-fold, that of speech four-fold, and of mind, three-fold. Such are the ten evils. Injury to life, theft and improper behaviour relating to the senses are the three evils born of bodily action, while their ill-effects are shortness of life, poverty, not having a wife, and birth in an evil state in the end. False speech, slander, harsh words, and loose talk - these are the evils of speech, their consequences being a leprous body, dumbness, being reviled, and being shunned by others. Desire, hatred and false views are the evils of the mind, resulting in being subject to the aversion of others, their hostility and defectiveness of limb. Therefore, mothers, give up these ten evils and practise the ten good actions." At the conclusion of this discourse, the *kinnara* maidens praised Supriya saying, "You are fortunate indeed, O Great Being. You are young, yet self-possessed, unattached to sensual pleasure and devoted to the doctrine." Then they gave him a splendid jewel. Being asked about its virtues, they spoke of its wish-fulfilling power and said, "Bathe on the fifteenth day of the month, observe the precepts, place the jewel on a banner and wish for anything you desire. Then the jewel will shower what is desired, continuously, the distance of a thousand *yojanas* around. Enjoy the wealth at will yourself, give gifts to those in need, do good and make others do good too with the wealth the gem confers." Pleased, Supriya carried out their orders (446-481).

Then Supriya went to the silver city of the *kinnaras*, met the eight beautiful *kinnara* maidens, resisted their efforts at enticing him to enjoy sensual pleasures and preached the doctrine to them. Thereupon they gave him, besides many jewels, a most brilliant gem. Asked about the power of that gem, the maidens said that Supriya should observe the precepts on the fifteenth day of the month, place the jewel on a banner and express his wishes, when it will let fall what is desired, two thousand *yojanas* around. This Supriya did and he practised virtue with the wealth obtained (482-514).

Next, Supriya went to the city of cat's eyes, where he was received by sixteen attractive *kinnara* damsels. Not succumbing to temptation but winning over their hearts by a doctrinal discourse, Supriya accepted the glittering jewel which they offered. As instructed by them, Supriya observed the precepts on the fifteenth day of the month, placed the jewel on a banner, and wished for wealth, which the maidens said will fall over a distance of three thousand *yojanas*. It happened as predicted, and Supriya, delighted, made good use of the wealth (515-548).

Then, from a distance, Supriya saw the fourth *kinnara* city, made of four varieties of jewels. Amazed, he went there and was welcomed warmly by thirty-two damsels of exquisite beauty. There, he declined their persuasive pleas to share their worldly pleasures with them, but won them over and shared the doctrine with them instead. Pleased, the maidens gave him an eminently splendid gem, with the instruction that he should place it on a banner, after observing the precepts on the eighth day of the month, and give expression to his desire for wealth which will be showered all over Jambudvīpa. Further, they complimented him on having undertaken the arduous journey to Badaradvīpa, which he had now successfully completed, and bade him return home (549-600).

The *kinnara* maidens also gave instructions to Supriya regarding the homeward journey, as follows. "Go past the seven mountains in the west and you will come across a mountain, high and impassable. There, a very cruel and fierce *rākṣasa* called Lohitākṣa will let loose a dark and strong wind with sparks of fire in it, but move on, carrying this jewel placed on a banner. By its power all those who create obstacles on your way will be destroyed. You will have no fear anywhere. Beyond that mountain, there will be yet another, where a fierce *nāga*, Agnimukha, will let forth thunder for seven days and nights. Then take resort in a jewel-cave, and when the *nāga* falls asleep at the end of seven days and nights, climb the mountain and resume your journey (601-608).

You will see flat land then and on it a kind of grain, fragrant, pure, free from the red coating under the husk, sown and grown on unploughed land. Valāha, a king of horses, huge and white, will feed upon that grain, come on the eighth and fifteenth day of the month and say; 'Anyone who likes to return to his own country has only to mount me. I will take him there in a moment.' When you see that horse, bow down at its feet and request him to take you home. He will certainly do so" (609-615).

Supriya preached the doctrine again to the maidens, bade farewell to them and set out homewards. Past the mountains of Lohitākṣa and Agnimukha, he came to the flat land, when the horse-king made his offer of a ride home, three times. Supriya bowed down, circumambulated him and requested that he be granted the favour. The horse-king stood, his back bent low. Supriya mounted him, and in a moment, he was taken swiftly across the sky and left in the park at Vārāṇasī. Supriya fell at the horse-king's feet and wished that he, the horse-king, his benefactor, be a master of all worlds in return for the good deed he had done by bringing him back home. The horse-king too applauded Supriya, saying, "Well done, O Great Being, well done. Your promise has now been fulfilled. It is only Great Beings who act in this manner, intent on the welfare of all people," and like a radiant fire, he went back to his abode (616-644).

Supriya went home and his wife, Sulapanā, seeing him come, fell off the window at once, drawn towards him, as it were, by the noose of affection. Seeing her motionless, Supriya placed her on his lap and sprinkled her with water from that jewel, whereupon she regained consciousness and paid him respect. Supriya went to his mother next, related all his experiences and gave her jewels. The mother, Priyabhadrā, praised her son. His kinsmen also came to see him and so did the merchants. Amazed on hearing about his adventurous journey, they applauded and complimented him. Then, Supriya went to king Brahmadatta, paid obeisance to him at his feet, and showed him the valuable jewel. The king, expressing his admiration of Supriya's achievement, advised him, asking him to live happily, promoting the welfare of all beings. Then, bidding him farewell, Supriya went to his own home (645-664).

The thousand thieves came to see him there to ask for wealth again. Pleased at their request, Supriya asked them to return to their respective abodes and to wish for anything they wanted. Then, on the eighth day of the month, Supriya bathed early in the morning, observed the precepts, placed the first jewel on a banner, circumambulated it three times and asked for wealth, looking up towards it. And the jewel showered riches continuously, over the distance of a thousand *yojanas*. Rejoicing, the thieves helped themselves to as much wealth as they wanted, and so did other people (665-678).

King Brahmadatta died in course of time and Supriya was made king by the ministers. Then, on the fifteenth day of the month, Supriya paid homage to the second jewel and it rained wealth over a distance of two thousand *yojanas*. The third jewel, being honoured and asked for wealth, let fall a shower of whatever was desired over three thousand *yojanas*. Then, on the full-moon day, Supriya placed the fourth great jewel on a banner, paid homage to it, and wished that it rains gems and other treasures. This it did continuously over the whole of Jambudvīpa. The people collected whatever they wanted and all became rich, prosperous and happy (679-698).

Supriya then addressed the people and said, "Listen, Good Sirs, to what I say. Now that I have gone to Badaradvīpa and brought back these good jewels, make good use of them. Place them on banners, pay homage to them and ask for your hearts' desires. Prosper with the wealth the jewels confer, take refuge in the Three Jewels, and practise the course of conduct leading to enlightenment. They who take refuge in the Three Jewels, with faith and their minds pure, and follow the path of conduct leading to enlightenment, will not be born in evil states. Born in happy states and being vessels of good virtue, they will always be happy. Acquiring the equipment necessary to reach enlightenment in due course, they will attain full enlightenment and reach the Buddha state." The people followed Supriya's advice and there was well-being on earth, while Supriya's fame spread far and wide (699-711).

The *bodhisattva* Supriya grew old in course of time and left the kingdom for a hermitage, after handing over the duties of kingship to his eldest son. There he led a pious life, and at death, was born in *brahmaloka* as the lord of the *brahmas* (712-715).

"I, the Buddha Śākyasiṃha, was the *bodhisattva* Supriya; these thousand monks were the thousand thieves; Kāśyapa Buddha was that goddess; the monk Śāradvatīsuta (= Śāriputra) was the merchant Magha; Venerable Ānanda was Nīlāda, the *yakṣa*; Venerable Aniruddha was the *yakṣa* Candraprabha; Devadatta was the *yakṣa* Lohitākṣa; Māra was the serpent Agnimukha; and Maitreya, who is practising the course of conduct leading to enlightenment, was the great horse, Valāha (716-720).

Thus, monks, as Supriya *bodhisattva*, I protected the merchants from the thousand thieves on seven occasions, went to Badaradvīpa, brought jewels from there, and gave satisfaction not only to the thousand thieves but also to all inhabitants of Jambudvīpa. It is this Supriya, who, born in *brahmaloka*, followed the path to Buddhahood. Thus the Blessed One has done hundreds and thousands of difficult tasks over three world-ages, before being born as a universal monarch in the clan of the Śākyas, when, giving up his kingdom, he went to the mountain Gayāśīrṣa, sat under a *bodhi* tree, overcame the army of Māra, and gained the victory of enlightenment. Since attaining enlightenment, I, a perfectly enlightened one, a lord among sages, and a preceptor of the three worlds, have wandered about preaching the doctrine to enlighten others" (721-732).

I have not been able to trace the Supriya story, the gist of which is outlined above, in the Pali tradition. However, the *Valāhassa-jātaka* (Pali *Jātaka* No. 196)[1] related with reference to a monk who had become a backslider, his passion aroused by seeing a finely dressed woman, though different from the Supriya story, contains some elements in common with it, as the following summary of it shows:

> "Once, in Tambapaṇṇidīpa, there was a *yakkha*-city called Sirīsavatthu, peopled by *yakkhinīs*. When shipwrecked sailors were cast on the shore from the river Kalyāṇī to Nāgadīpa, the *yakkhinīs* would assume human form, entice them and use them as their husbands. On the arrival of other castaways, they would eat their former husbands and take the new arrivals as their lovers. Once, five hundred merchants cast ashore there became the husbands of the *yakkhinīs*. In the night the *yakkhinīs* left them and ate their former husbands. The eldest merchant discovered this and warned the others, but only half of them were willing to attempt an escape. Now it happened that the Bodhisatta was a horse of the Valāhaka race and was flying through the air from the Himālaya to Tambapaṇṇi. There, as he passed over the banks and fields, he asked in a human voice: 'Who wants to go home?' and the two hundred and fifty traders begged to be taken. They climbed on the horse's back and tail and he took them to their own country. The others were eaten by the *yakkhinīs*."[2]

---

[1] *The Jātaka together with its Commentary*. For the first time edited in the original Pāli by V. Fausbøll. Vol. II. First published 1879. Reprinted London 1963, pp. 127-130. *The Jātaka or Stories of the Buddha's former births*. Vol. II. Translated by W.H.D. Rouse. First published 1895. Reprinted London 1957, pp. 89-91.

[2] Malalasekera, G.P. *Dictionary of Pali Proper Names*. Vol. II. Lon-

The Supriya story, a version of which is presented in this publication, is found elsewhere in the following Sanskrit sources: Chapter 8 of the *Divyāvadāna*,[1] a compilation said to have been made between the years 200 and 350 A.D.[2], where the title given to the story is *Supriyāvadāna*; chapter 6 of Kṣemendra's *Avadānakalpalatā*,[3] the composition of which is attributed to the eleventh century A.D.[4], where the title of the story is *Badaradvīpayātrāvadāna*; and the *Badaradvīpajātaka* forming chapter 2 of the *Haribhaṭṭajātakamālā*.[5]

Chapter 30 of the Tibetan canonical work called the *mDo-mdzaṅs-blun*, "the Sūtra of the Sage and the Fool" published in German translation by I.J. Schmidt (St. Petersburg 1843) relates the story of the Buddha when he was a merchant called Great-giver who went on a long sea-voyage.[6] The Tibetan *mDo-mdzaṅs-blun* is itself a translation of a Chinese collection called *Hsien-yü-ching*, the compilation of which took place in the year 445 A.D. according to the oldest catalogue of the Chinese Tripiṭaka.[7] A Sanskrit or Prakrit original of this collection, if ever there was one, has not yet been found. Legend has it that the tales were heard in Khotan by Chinese

[1] Cowell, E.B., and Neil, R.A., ed. *The Divyāvadāna*. Cambridge 1886, pp. 91-123. Vaidya, P.L. ed. *Divyāvadāna*. Darbhanga 1959, pp. 58-76.

[2] Vaidya, P.L., ed. *Divyāvadāna*. op. cit. p. xi.

[3] Das, S.C., and Paṇḍit Hari Mohan Vidyābhūṣana ed. *Kṣemendra's Avadānakalpalatā with its Tibetan version*. Bibliotheca Indica. 2 vols. Calcutta 1888 and 1918. Vol. I, pp. 177-229.
Vaidya, P.L. ed. *Avadānakalpalatā of Kṣemendra*. 2 vols. Darbhanga 1959. Vol. I, pp. 51-64. Translated in the *Journal of the Buddhist Text Society of India*. Vol. III, part I. Calcutta 1895, pp. 1-11; op. cit. vol. III, part III. 1895. Appendix 18 pp. contains the text of the *Badaradvīpayātrāvadāna*.

[4] Vaidya, P.L., ed. *Avadānakalpalatā*. Vol. I, op. cit. pp. VII-VIII.

[5] Typescript of *Badaradvīpajātakam of Haribhaṭṭajātakamālā* lent by Professor Michael Hahn. Part of a monograph being printed as: *Haribhaṭṭa's Jātakamālā. The Eleven Legends Available in Sanskrit*. Kathmandu (This information is from a check list of Michael Hahn's publications sent to me in July 1987).

[6] Rockhill, W.W. Tibetan Buddhist Birth-stories. Extracts and Translations from the Kandjur. In: *Journal of the American Oriental Society* 18 (1897), pp. 1 and 5.

[7] Hahn, Michael. Das Datum des Haribhaṭṭa. In: *Studien zum Jainismus und Buddhismus*. Gedenkschrift für Ludwig Alsdorf. Hrsg. von Klaus Bruhn und Albrecht Wezler. Wiesbaden 1981, p. 120.

monks who translated them into Chinese.[1] Story No. 39[2] of the *Hsien-yü-ching* is parallel to chapter 30 of the *mdo-mdzaṅs-blun* referred to above. The Mongolian translation of this compilation of stories made from the Tibetan has been rendered into English recently. In this translation, the story of the merchant who went on a long sea-voyage, entitled Great Charity Goes to Sea, forms the thirty-first chapter.[3] This story, also relating the adventurous journey of a merchant who goes to sea to find a wish-conferring gem (*cintāmaṇi*) is not the same as that of Supriya, though it has some semblance in matters of detail.

The *Supriyasārthavāha-jātaka* (*SSJ* hereafter), the *avadānamālā* version of the legend of the merchant Supriya, a *bodhisattva*, who brought wish-conferring jewels from Badaradvīpa, appears to be a faithful metrical adaptation of the *Divyāvadāna* (*Divy*) text, elaborated at some places, with a few changes or attempts at innovations here and there. The following notes indicate the nature of such differences, if indeed they can be so called. Parallels, if any in the *Avadānakalpalatā* (*AK*) and the *Haribhaṭṭajātakamālā* (*HJM*), are noted.

A. *Divy* (Cowell and Neil, pp. 91-98; Vaidya, pp. 58-62) contains an introductory story (*nidānakathā*), an incident from the time of Gautama Buddha (*paccuppannavatthu*), relating the circumstances that led the Buddha to narrate the story, which very briefly is as follows: At the end of one rainy season, the Buddha and a retinue of monks set out from the city of Śrāvastī to go to the province of Magadha. As was customary, a number of merchants accompanied them, to attend to their needs upto the time of their arrival at Rājagṛha in Magadha. Seeing them, a thousand thieves living in a forest between the two cities decided to rob the merchants, letting the Buddha and the monks proceed unharmed. The Buddha did not allow this to happen. He pointed out a treasure from which the robbers took as much wealth as was owned by the merchants. This happened six times as the Buddha and the monks went back and forth from Śrāvastī to

---

[1] Frye, Stanley. *The Sūtra of the Wise and the Foolish (mdo bdzans [!] blun) or The Ocean of Narratives (üliger-ün dalai).* Translated from the Mongolian. New Delhi. (Library of Tibetan Works and Archives) 1981, p. VII.

[2] I am indebted to Prof. Michael Hahn for the information regarding the exact number of the parallel story sent by letter dated 6.7.87.

[3] Frye, Stanley. *The Sūtra of the Wise and the Foolish.* op.cit. pp. 142-154.

Rājagṛha. The seventh time, the Buddha went with only the monks, with no merchants accompanying them. The thieves then decided to allow the Buddha to proceed and to rob the monks thereafter. This they began to do, but the Buddha prevented them from doing so. He showed a huge treasure and asked the thieves to take as much wealth as they wanted, which they did. Now it occurred to them that they should entertain the Buddha and the monks to a meal, for they had received that amount of wealth thanks to the Buddha himself. The Buddha accepted their invitation and delivered a discourse at the end of the meal, which resulted in the thieves attaining the first of the four stages of religious development (*srotāpattiphala*). They were then ordained as monks, at their request.

The monks commented on this incident whereupon the Buddha said that he had the occasion, not only then but in the past too, to ransom a group of merchants from these thieves, who were, however, not satisfied with the wealth so received. This led him to undertake an arduous journey to Badaradvīpa on their account. On the successful accomplishment of this journey which lasted a hundred years, he brought back wealth, made the thieves content and established them in the ten good paths of action. The Buddha then related this past story, viz. the *Supriyāvadāna*.

SSJ does not contain this introductory story but the concluding section of the text containing the identification of characters (verses 716–720), where the thousand thieves are identified as "these thousand monks" (*yac ca caurasahasraṃ tad ado bhikṣusahasrakam* (vs. 717ab) presupposes the existence or the acquaintance of the author with such a story.

AK verses 3–30 contain an abbreviated version of the introductory story of the *Divy* while the *HJM* has no such story.

B. *Divy* gives the name of the ruler of the kingdom where Supriya was born as King Brahmadatta of the city of Benares (Cowell and Neil, p. 98; Vaidya, p. 62.8). Elsewhere in *Divy* Brahmadatta is referred to as king of Kāśi (Cowell and Neil, pp. 100, 121; Vaidya, pp. 63.18, 75.13–15, 75.25)

SSJ According to the text of *SSJ* adopted by me, the ruler is King Brahmadatta of Kāśi (verse 3). The name Brahmadatta occurs elsewhere in *SSJ* (vss. 9, 658, 660, 679). In all these instances the manuscript F had the reading Brahmadatta later cor-

rected to Priyadatta, which is the reading of ABCDEG in all instances except at verse 658. Here ABDE read Brahmadatta and C, like F, has the reading Brahmadatta corrected to Priyadatta. It appears that the original reading was Brahmadatta which was changed later to Priyadatta to harmonise the name of the king with those of Supriya himself, Supriya's father Priyasena and his mother Priyabhadrā.
AK refers to the king as King Brahmadatta of Benares (vss. 31 and 34, 190).
HJM The king is Brahmadatta of Benares (prose following verse 1).

C. *Divy, AK,* and *HJM* do not give the name of Supriya's mother.
SSJ gives her name as Priyabhadrā (vs. 649).

D. *Divy, AK,* and *HJM* do not refer to Supriya's wife.
SSJ refers to her, giving her name as Sulapanā (vss. 216, 646).

E. Before going to Badaradvīpa, Supriya brought jewels from Ratnadvīpa: *Divy* (Cowell and Neil, p. 101; Vaidya, 63.24); *AK* (vss. 48,51); *HJM* (prose following vs. 8 and vs. 9).
Ratnadvīpa is a city (*Ratnadvīpapuraṃ*) according to *AK* (vs. 48). According to *SSJ* (vss. 20, 23, 25, 29, 37, 43, 67), Supriya brought jewels from a mine of jewels (*ratnākara*) in the ocean.

F. The name of a *rākṣasa* living in the sea called Nīloda found on the way to Badaradvīpa:
Tārākṣa *Divy* (Cowell and Neil, pp. 104 with manuscript readings *raktāko* and *raktākṣo* noted, 105; Vaidya, pp. 65.26, 65.32, 66.2) and *HJM* (prose following vs. 21).
Raktākṣa in *SSJ* (vs. 129) and *AK* (vs. 73).

G. The name of a mountain near the city of Rohitaka.
Sudhāvadāta in *Divy* (Cowell and Neil, p. 107; Vaidya, p. 67.23);
Sudhāvarṇa in *SSJ* (vs. 186).
Sudhāśaila in *AK* (vs. 92). Not mentioned in *HJM*

H. Name of a city found on the way to Badaradvīpa.
Rohitaka in *Divy* (Cowell and Neil, p. 107 mss. *rohitakaṇṭha*; Vaidya, p. 67.25).
Rohitaka in *SSJ* (vs. 223), *AK* (vs. 93), and *HJM* (prose following vs. 23).
Rohitakaṇṭha in *SSJ* (vs. 187).

I. The respective distances over which the jewels given to Supriya at the first, second, third and the fourth *kinnara* cities could and did rain wealth.

1.	A thousand *yojanas*	*Divy* (Cowell and Neil, pp. 116, 121; Vaidya, pp. 72.27, 75.22); *SSJ* (vss. 478, 675); *AK* (vs. 181); *HJM* Not mentioned.
	One *yojana*	Mss. ABCDEG of *SSJ* (*yojanavistāraṃ*).
2.	Two thousand *yojanas*	*Divy* (Cowell and Neil, pp. 117, 121; Vaidya, pp. 73.4, 75.27); *SSJ* (vss. 510, 683); *AK* (vs. 183); *HJM* Not mentioned.
	Four *yojanas*	Mss. ABCDEG of *SSJ* (*caturṣu yojaneṣu*).
3.	Three thousand *yojanas*	*Divy* (Cowell and Neil, pp. 117, 122; Vaidya, pp. 73.9, 75.29); *SSJ* (vss. 544, 689); *AK* (lacuna in the text); *HJM* Not mentioned.
	Twelve *yojanas*	Mss. ABCDEG of *SSJ* at vs. 689 (*yojane dvādaśe*)
4.	The whole of Jambudvīpa	*Divy* (Cowell and Neil, pp. 118, 122; Vaidya, pp. 74.3, 76.2); *SSJ* (vss. 593, 695); *AK* (vs. 188); *HJM* Implicitly so vss. 31ff.
	A hundred *yojanas*	Mss. ABCDEG of *SSJ* (*śatayojanavistāre*)

J. Badara, king of the fourth *kinnara* city.
In *Divy* (Cowell and Neil, p. 118; Vaidya, p. 73.32), the *kinnara* maidens refer to Badara, their brother, the king of the *kinnaras*, who gave the jewel.
SSJ: No mention of king Badara. The *kinnara* maidens themselves give the eminently splendid jewel to Supriya (vs. 587).
AK (vs. 187): The *kinnara* maidens speak of their brother, Badara, whose abode is Badaradvīpa, an island named after him.
HJM: Supriya is told by a goddess that the lord of Badaradvīpa, a *kinnara* king, will give him the wish-conferring jewel *cintāmaṇi* and he receives it from the king as predicted (prose following vs. 25).

K. Time taken by Supriya to reach Badaradvīpa.

Divy: one hundred years (Cowell and Neil, pp. 98, 121; Vaidya, pp. 62.5, 75.14).
AK: one hundred years for the full journey (vs. 192). Twelve years to reach the city of Rohitaka where Magha lived (vs. 98).
SSJ: Twelve years to reach the city of Rohitaka where Magha lived (vs. 221). Time taken to reach Badaradvīpa not specified.
HJM: Fourteen years to reach Badaradvīpa (prose following vs. 25).

L. Name of the horse-king who brought Supriya from Badaradvīpa to Vārāṇasī.
Bālāha *Divy* (Cowell and Neil, pp. 120ff., Vaidya, pp. 74.25ff.); *AK* (vs. 189)
Valāha *SSJ* (vss. 610, 612, 629, 634, 636, 720).
Sukeśa mss. ABCDEG of *SSJ* at vss. 610, 612.
Sukeśin mss. ABCDEG of *SSJ* at vss. 629, 634, 636, 720.
Edgerton notes the use of the name Keśin for Valāha in the prose of *Mahāvastu* (*Buddhist Hybrid Sanskrit Dictionary*, s.v. *keśin*).
Balāhaka *HJM* (prose after vs. 25; prose after vs. 30).

TEXT OF THE

SUPRIYASĀRTHAVĀHAJĀTAKA

(271a) [1]athāsau śrīghano nāthaḥ punaḥ prāha nijāṃ kathām ǀ
purāt pratyāgataḥ pūjāṃ gṛhītvā bhūmipārpitām ǁ 1 ǁ

śrūyatāṃ[2] sakalā lokā[ḥ] mama pūrvakathāṃ śubhām ǀ
jagaddhitārthe bhramataḥ patnīṃ tyaktvā parigrahān ǁ 2 ǁ

tadyathābhūt[3] purā kāśyāṃ brahmadatto[4] narādhipaḥ ǀ
sunītidharmabhṛc chāstā prajāvatsalabhūmipaḥ[5] ǁ 3 ǁ

tadā tatrābhavac chrīmān vārāṇasyāṃ vaṇikpatiḥ ǀ
priyasenābhidhaḥ śrīmān sārthavāhaḥ samṛddhimān ǁ 4 ǁ

tasyātmajo 'bhavad dhīmān supriyākhyaḥ suvīryavān ǀ
divyātisundaraḥ kānto darśanīyaḥ subhāṣikaḥ[6] ǁ 5 ǁ

sa bālye 'pi sudhīr vijñaḥ sarvaguruṣu bhaktimān ǀ
.... ǁ 6 ǁ

sa śāstrāstrakalāvidyāpāragato vicakṣaṇaḥ ǀ
mahāsādhur vaṇigvṛttir vyavahārahitārthabhṛt ǁ 7 ǁ

---

[1] BCDG begin with the formula oṃ namo ratnatrayāya and E with oṃ namaḥ śākyamunaye. F has the following introductory verses instead of verses 1 and 2.

athāśoko mahīpālas tadanumoditāśayaḥ ǀ
upaguptaṃ guruṃ natvā sāñjaliś caivam abravīt ǁ
bhadanta trijagannāthaḥ śākyasiṃhaḥ suvīryavān ǀ
tādṛk chāstā munīndro 'nyo nāsti sarvahitārthabhṛt ǁ
iti rājñoditaṃ śrutvā so 'rhan yatir mahāmatiḥ ǀ
upagupto munīndraṃ taṃ saṃpaśyann evam ādiśat ǁ
naitarhy eva mahārāja śākyasiṃho munīśvaraḥ ǀ
suvīryavān mahābhijñaḥ sarvasattvahitārthabhṛt ǁ
purāpy ayaṃ mahāsattvo bodhisattvo suvīryavān ǀ
bodhayitvā jagat sarvaṃ saddharmaṃ samasādhayat ǁ

[2] śrūyātāṃ A, śrūyase B

[3] °thātra F

[4] corrected to read priyadatto F, priyadatto ABCDEG

[5] babhūva vasudhādhipaḥ F

[6] śubhāsikā AC, subhāśikaḥ BEFG, subhāsikaḥ D

tadā tasya pitā vṛddho rogībhūto 'tidurbalaḥ ।
svakuleśasmṛtiṃ dhṛtvā kālagato divaṃ yayau ॥ 8 ॥

tataḥ sa supriyaḥ sādhu<r> brahmadattena[1] bhūbhujā ।
sārthavāho vaṇignāthaḥ kṛtvā saṃmānito 'bhavat ॥ 9 ॥

ekadā svajanān āha dṛṣṭvā svagṛham āgatān ।
svayaṃ jānann api sudhīḥ sa kautukāt smitānanaḥ[2] ॥ 10 ॥

ki(271b)marthaṃ pratyahaṃ sarve prāgatā mama mandire ।
nānetihāsasaṃlāpaiḥ[3] manmanaḥsaṃpramodakāḥ ॥ 11 ॥

ity uktavantaṃ taṃ prāhuḥ katham ajñaḥ sudhīr api ।
vittavān vaṇijā<ṃ> nāthaḥ pradātā kṛtakauśalaḥ ॥ 12 ॥

tat tvā<ṃ> pramodayan nityaṃ pārayāma svajīvikān ।
ity āśayāgatāḥ sādho nidhanās te vayaṃ tathā ॥ 13 ॥

saviṣādo[4] janān āha kāruṇyavān kathaṃ janāḥ ।
nidhanāḥ kāśideśīyā mameti vismayo mahān ॥ 14 ॥

sarve 'pi mādṛśā bhavyā manasīti vicintayan ।
svastho 'smi sāṃprataṃ duḥkhadagdhas tac chrutavān dhruvam ॥ 15 ॥

samānavibhavāḥ kāryāḥ sarve paurāḥ svakair dhanaiḥ ।
svayam eva sukhaṃ bhuktvā kiṃ sāraṃ duḥkhite jane ॥ 16 ॥

iti bruvāṇaṃ pratyūcuḥ kim uktaṃ bhavatā vibho ।
vidhināpi na yac chakyaṃ[5] tat kathaṃ sādhate naraḥ ॥ 17 ॥

atha yad dīyate dravyaṃ tad api mūrkhalakṣaṇam ।
svayaṃ daridraḥ sarve 'pi nidhanā bahuśas tathā ॥ 18 ॥

pūrvāropitakauśalyo nṛpas tvaṃ ca dhanādhipaḥ ।
vibhavādyās trayaḥ santi kathaṃ dāridryam āpnuyāḥ ॥ 19 ॥

---

[1] brahmadattena corrected to priyada° F, priyadattena ABCDEG

[2] °tukāṃ smiyānanān A, °tukān smitānanān BDEG, °tukān smivānanān C

[3] °hāsyai saṃpālya A, °hāsyaiḥ salāpya B, °hāsyaiḥ saṃpālya CDEG, °hāsyaiḥ saṃlāpya F

[4] saviṣadā mss.

[5] °pi māyacchakyaṃ AG, °pi mayicchakyaṃ BE mamācchakyaṃ C, mayacchakyaṃ D

ratnākarāt samānīya tāni dattvā dhanānvitān I
sārthavāhātmajān kuryām iti bhūyaḥ samabravīt II 20 II

.... I
lakṣadravyānvitān kṛtvā samāpnuyāṃ mudaṃ parām II 21 II

tataḥ sa supriyaḥ śrīmān sarvasattvahitārthabhṛt I
sarvāñ chrīsampadāpannān kuryām iti samādadhau II 22 II

iti sa niścayaṃ kṛtvā sārthavāho vaṇikpatiḥ I
gatvā ratnākare ratnān[1] saṃsādhituṃ samaicchata II 23 II

tataḥ sa supriyo dhīmān sārthavāhaḥ suvīryavān I
suhṛnmaitravaṇiksaṃghān samāhūyaivam abravīt II 24 II

bhavanto 'haṃ gamiṣyāmi ratnākaramahāmbudhau I
yadi vo vidyate vāñchā samāyāta vrajemahi II 25 II

tac chrutvā te vaṇiksaṃghāḥ sarve samanumoditāḥ I
supriyaṃ sārthavāhaṃ[2] taṃ paśyanta evam ūcire II 26 II

sārthavāha samicchāmo gantuṃ tvayā mahāmbudhau[3] I
tan naḥ sarvān bhavatsaṃghāṃs[4] tatra saṃnetum arhati II 27 II

evaṃ taiḥ prārthitaṃ sarvaṃ niśamya sa mahāmatiḥ I
sarvāṃs tān svasahāyāṃś ca saṃpaśyann evam abravīt II 28 II

yadīcchatha mayā sārdhaṃ gantuṃ ratnākare 'mbu(272a)dhau I
tat paṇyadravyam ādāya samāyātotsahānvitāḥ II 29 II

evaṃ tadbhāṣitaṃ śrutvā sarve te vaṇijo mudā I
gatvā svasvagṛhe jñātīn bāndhavāṃś ca suhṛjjanān II 30 II

natvānujñāṃ samāsādya dhṛtvā svastyayanaṃ vidhim I
tat paṇyadravyam ādāya sārthavāham upācaran[5] II 31 II

tān sarvān samupāyātān dṛṣṭvā sārthapatir mudā I
svastyayanavidhiṃ dhṛtvā bhāṇḍam ādāya prācarat II 32 II

---

[1] ratnaṃ ACDEFG, ratna B

[2] sārthanāthaṃ F

[3] sahā° mss.

[4] bhatasaṃghāns ACDG, bhavyetsaṃghāns B, bhavetsaṃghāns E, bhavansaṃghāns F.

[5] upāsaran F

tataḥ sa sārthavāhas taiḥ pañcavaṇikchataiḥ[1] saha I
mudā saṃprasthito gehād vārāṇasyā[ṃ] viniryayau II 33 II

tataḥ sa prācarat sarvaiḥ sārthaiḥ samanvito mudā I
grāmāñ janapadāñ chailān ullaṅghya prācarad drutam II 34 II

tataḥ sa nirgato dūrāt samapaśyan mahodadhim I
samīkṣya taṃ samānamya pracaraṃs tīram āyayau II 35 II

tatra sa samupāśritya sarvasārthasamanvitaḥ I
karṇadhāraṃ samāmantrya prārthayad evam ānataḥ[2] II 36 II

mahābhāga samāyāmo gantuṃ ratnākare vayam I
tad bhavān svasti naḥ sarvān netuṃ ratnākare 'rhati II 37 II

iti tatprārthitaṃ śrutvā karṇadhāras tatheti saḥ I
dṛḍhāṃ[3] nāvam upānīya tān paśyann evam abravīt II 38 II

bhavantaḥ svakuleśānaṃ smṛtvā sarve samānataḥ I
atra nāvi samāśritya saṃtiṣṭhantāṃ samāhitāḥ II 39 II

tac chrutvā sārthavāhas tāṃ naukāṃ natvānumoditaḥ I
samāruhya kuleśānaṃ smṛtvā tasthau samāśrayan II 40 II

tatas te vaṇijaḥ sarve natvā nāvaṃ tathā[4] kramāt I
samāruhya kuleśānaṃ smṛtvā tasthuḥ samāhitāḥ II 41 II

tān sarvān nausamāsīnān karṇadhāraḥ samīkṣya saḥ I
krameṇa svastinā tatra tāṃ naukām anvacārayat II 42 II

krameṇa saṃcāritā naukā[5] preryamāṇā samīraṇaiḥ I
kṣemeṇāśu mahāmbhodhau ratnākaram upāsarat II 43 II

tatrāvatīrya naukāyāḥ sārthavāhaḥ samīkṣya saḥ I
dattvā yathocitaṃ mūlyaṃ suratnāni samagrahīt II 44 II

tataḥ sa tāni ratnāni samādāyābhinanditaḥ I
sārdhaṃ sarvaiḥ sahāyais tair mudā saṃprasthito 'sarat II 45 II

---

[1] paṃcava° changed to sahasrava° B
[2] evam ādarāt C, ārāt nata G
[3] dṛḍho ACD
[4] tataḥ C, yathā D
[5] °cāritā lokā ACDG, kramāt saṃcāritā lokā BE, kṣemasaṃcāritā sā nau F

tataḥ sa supriyaḥ śrīmān sarvasārthasamanvitaḥ I
pratyāgato mahāṭavyā antike samupāsarat II 46 II

tatra caurasahasreṇa dṛṣṭaḥ sārtha(272b)samanvitaḥ I
upāgato 'ṭavīmadhye supriyaḥ sa vaṇikpatiḥ II 47 II

tatra sarve 'pi te caurāḥ sasārthaṃ tam upāgatam I
samīkṣya sahasopetya muṣitum upatasthire[1] II 48 II

sarvān samīkṣya tāṃś caurān saṃnirudhya puraḥsthitān I
sārthavāhaḥ samāmantrya saṃpaśyann evam abravīt[2] II 49 II

kiṃ bhavantaḥ samālabdhum ihāsmākaṃ puraḥsthitāḥ I
tad vadadhvaṃ puro me 'tra yad yūyam abhivāñchatha II 50 II

evaṃ tatkathitaṃ śrutvā caurāḥ sarve 'pi te punaḥ I
saṃnirudhya sasārthaṃ taṃ paśyanta evam abruvan II 51 II

sārthavāha tvam evaiko[3] gacchāsmābhir na rudhyase I
sarvān sārthān imān atra muṣiṣyāmo vayaṃ dhruvam II 52 II

evaṃ tadbhāṣitaṃ śrutvā sārthavāho mahāmatiḥ I
sarvāṃs tāṃś caurakān paśyan punar evam abhāṣata II 53 II

bhavanta eṣa sārtho me saṃniśritaḥ sahāyakaḥ I
tat sarvān api muñcadhvaṃ muṣituṃ mābhivāñchata[4] II 54 II

etan mūlyam ahaṃ dāsye yuṣmākam abhivāñchitam I
etair dravyaiḥ sukhaṃ bhuktvā saṃcaradhvaṃ sadā mudā II 55 II

iti tadgaditaṃ śrutvā sarve te caurakā mudā I
tathā hīti pratijñāya mumucus tān vaṇigjanān II 56 II

atha sārthapatis tebhyaḥ sārthamūlyaṃ pradāya saḥ I
tataḥ saṃprasthitaḥ sarvasārthasamanvito 'carat II 57 II

---

[1] abhitasthire F metre!
[2] paśyann evam abhāṣata F
[3] ekaivako AG, ekaiko BE, ekaikako C, aikaiva D
[4] vābhivāṃchayā ABCDEG

evaṃ mārge samālokya pratyāgato 'bhinanditaḥ I
sarvaiḥ saṃstūyamānaḥ sa[1] vārāṇasīṃ samāyayau[2] II 58 II

tatra svālayam āsādya jñātīṣṭamitrabāndhavān I
āmantrya sarvavṛttāntaṃ vistareṇa nyavedayat II 59 II

śrutvā sarve 'pi te jñātibandhumitrasuhṛjjanāḥ I
dhanyo 'si tvaṃ mahābhāga ity uktvā taṃ praśaṃsire[3] II 60 II

tataḥ sa sārthabhṛc chrīmān sarvasattvahitārthabhṛt I
kṛtvā dānaṃ sadārthibhyaḥ sarvāṃl[4] lokān vyanodayat II 61 II

tatas tathā caturvāre caurāḥ prāhuḥ priyaṃ janam I
dīyatāṃ bhāgam asmabhyaṃ kāruṇika mahājana[5] II 62 II

jayo 'stu te pālayāsmān araṇyavāsinaḥ sadā I
tvayā cābhihitaṃ yadvan muṣiṣyāmaḥ parān na tu II 63 II

tathā dadau supriyo 'sau saptāṃśaṃ karuṇāśayaḥ I
mānyān(273a) muṣṇīta satataṃ vibhavārthaviṣāditān II 64 II

tathā vārāṇasīṃ prāptaḥ sahāyasusamanvitaḥ[6] I
samānīkaraṇe saṃkhyām agrahīt pramanā mudā II 65 II

dravyasaṃkhyāvicāreṣu kiṃ cin nyūno 'bhavat tadā I
tad dṛṣṭvā cintayām āsa punar gantuṃ mahodadhau II 66 II

caturdhā prāgatas tasmāt punar yāsyāmi dvitridhā I
evaṃ dvitricatuḥpañca[7] ṣaḍ vā sa supriyaḥ sudhīḥ I
gatvā ratnākare 'mbhodhau ratnāni samasādhayat II 67 II

tathā tebhyaḥ sa caurebhyo dattvā mūlyaṃ vinodayan I
sarvān sārthān paritrāya svadeśaṃ samupāyayau II 68 II

---

1 sarveḥ saṃbhyamānosau AC, sarve sastūyamānauso B, sarve saṃstūyamāno 'sau DE, sarvaḥ saṃstūyamānosau G

2 °sīm upāyayau ABCDEG

3 uktvā saṃpra° F

4 sarvāl A, sarvā BCDEFG

5 °janaḥ ADEF, °janāḥ B, °jane C, °janeḥ G

6 °ṣusa° mss.

7 So in F but with yayau pramudita written above the line. evaṃ yayau pramudita ABCDEG

tatra svagṛham āsādya jñātīṣṭamitrabāndhavān |
sarvān upasthitān paśyaṃs tad vṛttāntaṃ nyavedayat || 69 ||

tac chrutvā jñātayaḥ sarve seṣṭamitrasuhṛjjanāḥ |
vismitās taṃ mahāsattvaṃ samīkṣyaivaṃ praśaṃsire || 70 ||

dhanyo 'si tvaṃ mahābhāga sarvalokahitārthabhṛt |
sadā te maṅgalaṃ bhūyād ity uktvā te tato 'caran || 71 ||

tataḥ sa supriyaḥ śrīmān sarvasattvahitāśayaḥ |
kṛtvā dānaṃ sadārthibhyaḥ sādhayan[1] puṇyam ācarat || 72 ||

tataḥ sa supriyo dhīro dhṛtvā svastyayanaṃ vidhim[2] |
tat paṇyabhāṇḍam ādāya svabhṛtyaiḥ saha prācarat || 73 ||

tataḥ saṃprasthito gehād vārāṇasyā vinirgataḥ |
caran ratnākare tatra tathā svasti samāyayau || 74 ||

tatra samīkṣya ratnāni saṃgṛhya prābhinanditaḥ |
tataḥ pratyāgato 'raṇyasamīpe sa samāsarat[3] || 75 ||

samīkṣya tam upāyātaṃ caurāḥ sarve 'pi te mudā |
javena sahasopetya mārge nirudhya tasthire || 76 ||

tathā mārge sthitān sarvāṃs tāṃś caurān saṃvilokya saḥ |
supriyaḥ samupāmantrya paśyann evam abhāṣata || 77 ||

bhavanto 'ham ihāyāmi supriyo vaṇijāṃ patiḥ |
kimarthaṃ me puro mārge saṃnirudhyābhitiṣṭhatha[4] || 78 ||

iti tadbhāṣitaṃ śrutvā sarve caurāḥ samīkṣya tam |
supriyaṃ vaṇijāṃ nāthaṃ vijñāyaivaṃ babhāṣire || 79 ||

vijānāsi bha(273b)van[5] sādho vayaṃ caurāḥ vanāśritāḥ[6] |
śilpino vaṇijo nāsma gopālāḥ kṛṣiṇo 'pi na || 80 ||

anenopakrameṇaiva jīvikāṃ pālayāmahe |
tad gacchasva tvam evātra sarva<ṃ> dravyaṃ harāmahe || 81 ||

---

[1] sādhayat mss.
[2] °yanaṃ mudā F
[3] 'raṇyaṃ sa samīpe samā° ACDEG, 'raṇe sa samīpe samā° B
[4] °tiṣṭhatā AG, °tiṣṭhataḥ BE, °tiṣṭhata C, °tiṣṭhatāḥ D
[5] bhavān mss.
[6] caura samāśritāḥ ACDG, caurā samāśri° BE

iti tatkathitaṃ śrutvā supriyo vīryavān sudhīḥ |
tān sarvān karuṇādṛṣṭyā saṃpaśyann evam abravīt || 82 ||

bhavanto 'haṃ pradāsyāmi yuṣmākam abhivāñchitam |
dravyaṃ tena sukhaṃ bhuktvā saṃcaradhvaṃ sadā śubhe || 83 ||

ity uktvā sa mahādātā sarvasattvahitārthabhṛt |
caurasaṃghān samāśvāsya punaḥ prāha smitānanaḥ || 84 ||

atrāpi taskarā yūyaṃ nidhanāḥ sadhanāḥ kim[1] u |
yuṣmabhyaṃ saptadhā dravyaṃ saptāṃśaṃ pradadau mudā |
tadāśayagatān dṛṣṭvā saṃdolāyitamānasaḥ || 85 ||

iti bruvāṇaṃ te prāhur dīnā evaṃ vayaṃ vibho[2] |
saṃprārthayāmaḥ sadhanā yadi tvāṃ kim u vatsala || 86 ||

teṣām etad vacaḥ śrutvā svapratijñām anusmaran |
bahu dravyaṃ punar dattvā tasmāt saṃprasthito 'gamat || 87 ||

dattvāśiṣaṃ pramuditās te yayuḥ svāśramaṃ vanam |
tebhyo dattvā bahu dravyaṃ tataḥ saṃprasthito 'sarat || 88 ||

tataś caran vane 'nyatra tarutalasamāśritaḥ[3] |
viṣaṇṇātmā samādhāya dhyātvaivaṃ samacintayat || 89 ||

ete 'pi ca mayā dravyaiḥ saptadhā paritoṣitāḥ[4] |
etair api dhanair ete caurāḥ saṃtoṣitā na hi || 90 ||

tasmāt sarvaṃ[5] jagallokaṃ tarpayeyaṃ dhanaiḥ katham |
tan mayātra pratijñātaṃ tat saṃsidhyet kathaṃ mahat || 91 ||

yena svayaṃ pratijñāya sādhayituṃ na śakyate |
tasya kiṃ jīvitaṃ janma dhik pravādāhataṃ bhave || 92 ||

kasyātra bhajanaṃ kṛtvā sādhayeyam ahaṃ katham |
ko mām atra samāśvāsya saṃrakṣed abhibodhayan || 93 ||

---

[1] sadhanā na kim C
[2] prabho D
[3] metre!
[4] piratoṣitāḥ mss.
[5] tat sarvvā mss.

iti cintāviṣaṇṇātmā nirāśābhihatāśayaḥ ।
middhanidrābhyavakrāntasarvendriyo[1] babhūva saḥ ॥ 94 ॥

taṃ samīkṣya mahāsattvaṃ nidrāniścalitendriyam ।
vanadevī maheśākhyā samāśvāsyaivam ādiśat ॥ 95 ॥

mā viṣīda mahāsattva sidhyate praṇidhir dhruvam ।
tat tvaṃ vīryamahotsāhaṃ dhṛtvā dvīpāntaraṃ vraja ॥ 96 ॥

jambudvīpe kilātrāsti badaraṃ nāma pattanam ।
tatrāsti (274a) śrīmahāratnaṃ cintāmaṇir[2] hitārthadaḥ[3] ॥ 97 ॥

tat tatra pattane gatvā mahāratnaṃ samīkṣya tam ।
ratnatrayaṃ smarann eko vīryānvitaḥ subuddhimān ॥ 98 ॥

prādāyāśu samāgaccha tena kuru[4] jagaddhitam ।
tathā saṃsetsyate nūnaṃ pratijñā te mahattarī ।
ity ādiśya mahādevī tatraivāntarhitābhavat ॥ 99 ॥

kutra sa badaradvīpaḥ kathaṃ vā tatra gamyate ।
iti tāṃ devatāṃ praṣṭuṃ supriyaḥ sa śaśāka na ॥ 100 ॥

tataḥ suptaprabuddhaḥ sa svapne tad devatoditam ।
smṛtvātivismayāpannacitta evaṃ vyacintayat ॥ 101 ॥

kutra sa badaradvīpaḥ kathaṃ vā tatra gamyate ।
iti tāṃ devatāṃ praṣṭuṃ svapne śaknomy ahaṃ na hi ॥ 102 ॥

tataḥ[5] sā devatā bhūyas tathāgatya puro mama ।
taddvīpagamanāyātra diśam upāyam ādiśet ॥ 103 ॥

iti cintāparītātmā tāṃ devīṃ samanusmaran ।
middhanidrābhyavakrāntasarvendriyo 'bhavat punaḥ ॥ 104 ॥

tadā sā devatā caiva samāgatya pura<ḥ>sthitā ।
samīkṣya taṃ mahāsattvaṃ samāśvāsyaivam ādiśat ॥ 105 ॥

mā viṣīda mahāsattva saṃśṛṇuṣva samāhitaḥ ।
taddvīpagamanopāyaṃ diśaṃ copadiśāmy aham ॥ 106 ॥

---

[1] siddho nidrā° AB, middho nidrā° CDEFG
[2] °maṇi mss.
[3] °rthadaṃ A, °rthada BCDEFG
[4] kuvyā A, kravyā C, kuryyā D
[5] vata mss.

asti sa badaradvīpo digbhāge paścime kila I
tatra mahānti ratnāni santi sarvārthadāny api II 107 II

tanmārge samatikramya pañcadvīpaśatāny api I
mahāntaḥ parvatāḥ sapta mahānadyaś ca sapta yāḥ[1] II 108 II

etān vīryabalenāpi dharmadevānubhāvataḥ I
laṅghayitvā mahāsattvair gantavyaṃ puruṣair itaḥ II 109 II

tatra ya udadhiḥ khyāto 'nulomapratilomakaḥ I
tatrānulomakā vānti pratilomāś ca vāyavaḥ II 110 II

tato vīryabalenaiva dharmadevānubhāvataḥ I
puruṣaḥ plavam āśritya[2] saṃtīrṇaḥ[3] pāram āpnuyāt II 111 II

tato 'tikramya śailaś cānulomapratilomakaḥ I
tatrāpi vāyavo vānti pratilomānulomataḥ II 112 II

yair yātaḥ puruṣas[4] tatra timirīkṛtalocanaḥ I
vimohitendriyo 'dhīro naṣṭasaṃjño bhaved api II 113 II

tatra tu puruṣo 'moghāṃ samādāya mahauṣadhīm I (274b)
tayā netre 'ñjayitvāpi baddhvā ca mastake 'pi tām II 114 II

mahāvīryabalenaiva dharmadevānubhāvataḥ I
parvataṃ taṃ samullaṅghya saṃkrameta samāhitaḥ II 115 II

[5]tvam api hi tathā tatra saṃkramasva samāhitaḥ I[5]
tadanyathā suvīryo 'pi kaś cid gantuṃ na śaknuyāt II 116 II

tataḥ samudra āvarto nāmāmbuparipūritaḥ[6] I
tatra vānti mahāvegā vairambhā nāma vāyavaḥ II 117 II

yas tatra puruṣo gacchan dharmadevānubhāvataḥ I
mahatplavaṃ samāśritya saṃtaret sa suvīryavān II 118 II

---

[1] sapta yā ABCEG, saptadhā D, saptamāḥ F
[2] puruṣaḥ om. ACG, dṛḍhaṃ plavaṃ samāśritya D
[3] saṃtīrṇaḥ sahasā C
[4] paruṣas ABDEFG
[5] om. A
[6] °pūrṇitaḥ F

tatraikasmin sa āvarte[1] bhrāmayet saptadhānilaiḥ ।
prerya dvitīya āvarta unmajjayec ca yojane ॥ 119 ॥

evaṃ dvitīya āvarte tṛtīye ca caturthake ।
pañcame cāpi ṣaṣṭhe ca bhrāmayet saptadhānilaiḥ ॥ 120 ॥

nirudhya yojane caivam unmajjayec plavaṃ hi tam ।
taṃ vahanaṃ samāśritya samāhito tared alam ॥ 121 ॥

mahāvīryabalenāsau dharmadevānubhāvataḥ ।
dṛḍhaṃ plavaṃ samāśritya nistaret tanmahodadheḥ ॥ 122 ॥

tataś cāpi mahān ucca āvarto nāma parvataḥ ।
tatra śaṅkhābhidhaḥ krūro rākṣaso vasate sadā ॥ 123 ॥

tasyopari catuḥkrośe śaṅkhanābhī mahauṣadhī ।
[2]asti dhūmāyate rātrau sā divā jvalate sadā ॥ 124 ॥[2]

nāgaparigṛhītāṃ tāṃ spraṣṭuṃ[3] ko 'pi na śaknute ।
svapati sa divā nāgo rātrau saṃcarati sadā ॥ 125 ॥

tasmin nāge divā supte gṛhītvā tāṃ mahauṣadhīm ।
añjayitvā tayā netre saṃbaddhvā mastake ca tām ॥ 126 ॥

parvataṃ taṃ samāruhya dharmadevānubhāvataḥ ।
mahāvīryabalenaiva svasti saṃnistaret tataḥ ॥ 127 ॥

tvam apy etadvidhānena saṃcarasva samāhitaḥ ।
tadanyathā na śaknoti ko 'pi nistarituṃ tataḥ ॥ 128 ॥

tato 'tikramya nīlodo[4] nāmāsti ca mahodadhiḥ ।
raktākṣo rākṣasas tatra krūro nivasate 'kṛpaḥ ॥ 129 ॥

tasya suptasya netrāṇi vivṛtāni bhavanty api ।
uditabhānuvarṇāni jvaladagnirucāni ca ॥ 130 ॥

praśvāsās tasya niḥśvāsā[5] garjanmeghasya nādavat ।
jāgrataś cāsya netrāṇi nimīlitāni sarvadā ॥ 131 ॥

---

[1] tatra kasmin samāvarte ADE, °kasmin samāvarte BCFG
[2] om. D
[3] praṣṭuṃ mss.
[4] ? nīlādo mss.
[5] niśvā° mss.

tadabdhau makarī[1] nāma vidyate ca mahauṣadhī |
samanviṣya samālokya gṛhṇīyāt tāṃ sayatnataḥ || 132 ||

añja(275a)yitvā tayā netre saṃbaddhvā mastake ca tām |
eraṇḍākhyāṃ mahāvidyāṃ dhāraṇīṃ buddhabhāṣitām[2] || 133 ||

samuccārya samādhāya sarvān buddhān anusmaran |
tadrākṣasasamīpena gatvāśu nistaret tataḥ || 134 ||

tvam apy etāṃ samādhāya saṃkramasvāśu nistara |
etadvidhiṃ vinā tatra gantuṃ ko 'pi na śaknute || 135 ||

nīlodaṃ taṃ mahāmbhodhim atikramya[3] mahān[3] nagaḥ |
akhaṇḍa eka nīlābho 'cchidro dīrghamahocchrayaḥ || 136 ||

nīlodo[4] nāma tatrāsti nīlagrīvo niśācaraḥ |
krūro 'tinirdayo raudraḥ pañcaśatasahāyakaḥ || 137 ||

parvataṃ taṃ mahānīlaṃ paśyatas tasya locane |
vyāghātatām api yāto[5] mūrchā ca jāyate 'pi hi || 138 ||

upari yojane tasya yāmoghākhyā mahauṣadhī |
nāgaparigṛhītā tāṃ samanviṣya samāharet || 139 ||

sa nāgo rasanādṛṣṭiśvāsasparśaviṣo mahān |
yadā svapati nāgo 'sau tadā dhūmāyate sadā || 140 ||

sparśitās tena dhūmena ye ye pakṣimṛgādayaḥ |
te te 'pi jantavaḥ sarve mṛtā yānti yamālayam || 141 ||

tatra snātvā vrataṃ dhṛtvā maitracittasamanvitaḥ |
smṛtvā sarvāñ jinān natvā gṛhṇīyāt tāṃ mahauṣadhīm || 142 ||

añjayitvā tayā netre saṃdhṛtvā mastake ca tām |
parvataṃ taṃ samāruhya saṃkraman nistaret tataḥ || 143 ||

---

[1] tadaddhauma° ABCDEF, tadaghrauma° G
[2] °bhāṣiṇīṃ ABDEG, °bhāṣiṇāṃ C
[3] astis tatra mahān A, asti tatra mahān BCDEG
[4] nīlādo mss.
[5] vyāghātatāmapiyātā ACD, vyāghātatāmapipātā BEG, vyāghātatāṃ-mapi yātaḥ F. But compare *Divyāvadāna*: vyābādhayate. VAIDYA, P.L., ed. op. cit. p. 66.6.

tathā[1] saṃkramatas tasya timiraṃ na bhaved api I
mūrchāpi jāyate naiva prahareyur na rākṣasāḥ II 144 II

tato 'tikramya vairambho nāmāsti ca mahodadhiḥ I
tatsamudre sadā vānti vairambhā nāma vāyavaḥ II 145 II

tadabhikṣobhite tatra sarve 'pi jalajantavaḥ I
bhūtapretapiśācāś ca kumbhāṇḍāḥ kaṭapūtanāḥ II 146 II

.... I
api saṃkramituṃ naiva śaknuvanti kadā cana II 147 II

tadabdher uttarasyāṃ ca tāmrāṭavī mahattarī I
tanmadhye 'sti mahat śālavanaṃ[2] kūpo mahān api II 148 II

mahāṃs tatra ca tāmrākṣo vasate 'jagaraḥ sadā I
sa svaped api ṣaṇmāsān nidrāvyāmohitendriyaḥ II 149 II

tadā tasya mukhāl lālaḥ spharitvā pravahet sadā I
tasyopari mahān veṇugulmaś ca vidyate sadā II 150 II

tatra mahacchilā cāsti tattale ca mahadguhā I
tasyāṃ(275b) saṃmohanī nāma prajvalantī mahauṣadhī II 151 II

tāṃ suvīryabalena tvaṃ samanviṣya samāhara I
añjayitvā tayā netre saṃbaddhvā mastake ca tām II 152 II

taṃ śayuṃ svapitaṃ vīkṣya tatsamīpena saṃkrama I
anena vidhinā tatra saṃcarasva samāhitaḥ II 153 II

tadanyathā na śaknoti tatra gantuṃ hi kaś cana I
tad etadvidhinā tatra saṃcarasva samāhitaḥ II 154 II

subhadraṃ te bhaven nūnaṃ nirutpātaṃ mahāmate I
tatra bhuktvāpi mūlāni pattrāṇi ca phalāny api II 155 II

tāmrāṭavīm atikramya saṃkramasva suvīryavān I
tataś ca parvatāḥ sapta saveṇukaṇṭakācitāḥ II 156 II

tāmrapaṭṭaiḥ padau baddhvā tatra samīkṣya saṃkrama[3] I
tataḥ sapta ca vidyante kṣāranadyo mahattarāḥ II 157 II

---

[1] tatas ABCDEG
[2] sāravaṃ A, sāracaraṃ BE, sārarevaṃ C, sārevaṃ D, sāravaraṃ G
[3] °kramat A, °kramāt C, °kraman DG, °kramaḥ E

teṣāṃ tīreṣu sarvatra śālmalīvanam asti ca I
śālmalīphalakais[1] tatra baddhvā plavaṃ mahattaram II 158 II

samāruhyāspṛśann ambu saṃtarasva samāhitaḥ I
kṣāranadīr atikramya triśaṅkur nāma parvataḥ II 159 II

tatra triśaṅkavo nāma santi tīkṣṇāś ca kaṇṭakāḥ I
tāmrapaṭṭaiḥ padau baddhvā vetrapāśaiḥ[2] samāhitaḥ II 160 II

tatra vīryabalaṃ dhṛtvā saṃkramasva vilokayan I
parvataṃ taṃ samullaṅghya triśaṅkur nāma nimnagā II 161 II

tatrāpi kaṇṭakās tīkṣṇāḥ santi cāṣṭādaśāṅgulāḥ I
śālmalīphalakais tatra baddhvā dṛḍhataraṃ plavam I
tam āruhyāspṛśann ambu saṃtarasva samāhitaḥ II 162 II

evaṃ triśaṅkukā nāma nadī cāsti mahattarī I
tata evam ayaskīlaḥ parvataś ca mahocchrayaḥ II 163 II

tata evam ayaskīlā nāma nadī mahattarī I
auṣadhīmantravīryais tāṃ saṃtarasva samāhitaḥ II 164 II

tato 'sti parvataś cāṣṭādaśavakro mahocchrayaḥ I
saṃchannas tarubhiḥ sarvais[3] tatra na saraṇiḥ kva cit II 165 II

mahāvīryabalenaiva natvā buddhān anusmaran I
vṛkṣāgrād vṛkṣam āruhya saṃgacchasva samāhitaḥ II 166 II

parvataṃ tam atikramya nady aṣṭādaśavakrikā[4] I
grāhākulā mahāvegā vidyate ca mahattarā II 167 II

tatra tvaṃ vetrapāśena pādau baddhvā samāhitaḥ I
mantravīryabalenāpi saṃtarasvāspṛśañ jalam II 168 II

tāṃ (276a) nadīṃ samatikramya ślakṣṇo nāma nago mahān I
ucchrito mṛdur advāras tatra na saraṇiḥ kva cit II 169 II

---

[1] °phalakes ABCDEG
[2] tatra pā° ABCDEG
[3] sarvves mss.
[4] °vakriyā ABCDEG

tatra mahadayaskīlān samākoṭyānataḥ kraman[1] I
vidyāvīryabalenāpi saṃcarasva samāhitaḥ II 170 II

parvataṃ tam atikramya ślakṣṇā nāma mahānadī I
agādhātimahāvegā makarādigrahākulā II 171 II

tatrāpi plavam āruhya natvā buddhān anusmaran I
vidyāvīryānubhāvena saṃtarasva samāhitaḥ II 172 II

tāṃ nadīṃ samatikramya dhūmanetrābhidho nagaḥ I
mahān dhūmāyate 'dṛśyo dhūmarāśir ivocchritaḥ II 173 II

ye taddhūmaparispṛṣṭās te sarve 'bhihatendriyāḥ I
niśceṣṭā deham utsṛjya gacchanty āśu yamāśrayam II 174 II

so 'timahāprapāto 'tas tatrāsti mahatī guhā I
samīkṣya tadguhādvāram udghāṭaya prayatnataḥ II 175 II

sā guhāśīviṣaiḥ pūrṇā viṣāgnidāhitendriyaiḥ I
samīkṣya tām atikramya saṃkramasva samāhitaḥ II 176 II

tasyopari nagasyāpi palvalaṃ ca bahūdakam I
tasminn udakasaṃpūrṇe vidyate ca mahacchilā[2] II 177 II

mantravīryānubhāvena tāṃ samutpāṭya dṛśyatām I
guhā mahattarī cāsti samīkṣya sarvato viśa II 178 II

tatra saṃjīvanī nāma mahauṣadhī ca vidyate I
jyotīraso maṇiś cāpi mahaddīpaprabhāsvaraḥ II 179 II

auṣadhīṃ tāṃ samādāya vidyāmantrānubhāvataḥ I
sarvakāyaṃ tayā liptvā saṃkramāhīn samīkṣya tān II 180 II

vidyāmantrānubhāvena tadauṣadhīprabhāvataḥ I
sarva āśīviṣās te 'pi daṃśituṃ[3] naiva śaknuyuḥ II 181 II

evaṃ tasmān nagāt svasti saṃkramaṇaṃ bhaved api I
taṃ nagaṃ samatikramya saptāśīviṣaparvatāḥ II 182 II

---

[1] °koṭyānaro kraman A, °koṭyātaro kraman BCEG, °koṭyātaro kramān D, °koṭya tato kraman F

[2] vidyate mahatī śilā F

[3] darśituṃ ACDEG, daśiṃtuṃ B, daśituṃ F

tān api samatikramya saptāśīviṣanimnagāḥ I
tattīreṣu mahac cāsti śālmalīvanam utkaṭam II 183 II

tatra tatphalakair baddhvā dṛḍhataraṃ mahat plavam I
āruhyātmānam ācchādya māṃsapeśyābhisaṃkrama II 184 II

taṃ māṃsagandham āghrāya sarva āśīviṣā api I
sahasā te tataḥ pāraṃ gatvā sthāsyanti duḥkhitāḥ II 185 II

tato 'pi samatikramya sudhāvarṇo mahān nagaḥ I
tam adhiruhya saṃpaśye(276b)ḥ svarṇamayaṃ mahītalam II 186 II

tatra janapadān ṛddhān rohitakān mahattarān I
tatra rohitakaṇṭhākhyaṃ saṃpaśyen[1] nagaraṃ mahat II 187 II

dvādaśayojanāyāmaṃ saptayojanavistṛtam I
veṣṭitaṃ saptaprākārair dvāṣaṣṭidvāraśobhitam II 188 II

gṛhair hemamayaiḥ kāntaiḥ saṃmaṇḍitair virājitam I
sarvapaṇyasamṛddhaṃ śrīdevībhavanam uttamam II 189 II

sādhu mahājanākīrṇaṃ tridaśālayasaṃnibham I
parivṛtaṃ mahodyānaiḥ sarvartupuṣpamaṇḍitaiḥ I
sarvartuphalibhir vṛkṣaiḥ sarvauṣadhīdrumair[2] api II 190 II

nānāpuṣpasamāpannasarovarābhimaṇḍitaiḥ I
nānāpakṣigaṇaiś cāpi pramoditaiḥ praśobhitaiḥ II 191 II

tatra rohitako rājā sarvalokādhipo mahān I
sarvavaṇikprabhuś cāsti[3] śrīmān maghādhipo[4] mahān II 192 II

mahāsattvo mahāvīryaḥ sarvasattvahitārthabhṛt I
sa te tadbadaradvīpapravṛttāntam upādiśet II 193 II

yathā tena samākhyātaṃ tathā kuru samāhitaḥ I
gatvā tatra mahāratnaṃ samādāya samāvraja II 194 II

tadā saṃsetsyate nūnaṃ pratijñā te mahattarā[5] I
tad etadvidhim ādāya saṃcarasva samāhitaḥ II 195 II

---

[1] sapasyan B, drākṣīn F
[2] sarvoṣa° mss.
[3] cāpi ABCDEG
[4] meghādhipo ABCDEG, maghābhidho F
[5] °tarāṃ ABCDG, °tatāṃ E, °tarīṃ F

itthaṃ te vrajato nūnaṃ nirutpātaṃ śubhaṃ bhavet |
tat suvīryamahotsāhaiḥ saṃcarasvānumoditaḥ |
ity ādiśya mahādevī sā tato 'ntarhitābhavat || 196 ||

etad eva samādiṣṭaṃ tayā devyā niśamya saḥ |
supriyaḥ pratibuddhas tat smṛtvaivaṃ samacintayat || 197 ||

aho svapna ihāgamya mahādevī puro mama |
badaradvīpayātrāyāḥ samādiśati vistaram || 198 ||

etat satyam asatyaṃ vā bhaven na jñāyate mayā |
idaṃ kasya puro gatvā pṛccheyaṃ kaḥ samādiśet || 199 ||

nūnam iyaṃ mahādevī mama daivābhipreritā |
svapne 'py atra samāgatya samādiśati vistaram || 200 ||

tat kathaṃ na bhavet satyaṃ yad devyā vacanaṃ dhruvam |
tat sarvaṃ satyam eva syān naiva mithyā bhaved api || 201 ||

iti devyā yathādiṣṭaṃ tathā kartuṃ samutsahe |
tat tāṃ devīm anusmṛtvā gaccheyaṃ tatra sāṃpratam || 202 ||

idaṃ sarvahitārthena sādhitaṃ setsyate yadi |
tadā me saphalo 'yaṃ syāt sattvahite pariśra(277a)maḥ || 203 ||

iti tatrāpy ahaṃ gatvā saṃsādhitvā mahāmaṇim |
sarvasattvahitārthāni kurvaṃś careya sarvathā || 204 ||

tato me saphalaṃ janma jīvitaṃ cārthasādhanam |
sarvapariśramaś[1] cāpi saṃsiddhaḥ[2] syād bhave 'tra hi || 205 ||

iti saṃcintya sadvijñaḥ supriyaḥ sa suvīryavān |
sarveṣāṃ[3] hitacittena[3] vayasyān tān samabravīt || 206 ||

pratyāgacchata yūyaṃ bhoḥ[4] sadhanāḥ svāṃ puraṃ drutam |
yāsyāmi badaradvīpaṃ pratijñāṃ pūrituṃ dṛḍhām || 207 ||

ṛte tadgamanān naiva pūryate tanmanorathaḥ |
svapne devyā yathādiṣṭaṃ dharmadevadvitīyakaḥ || 208 ||

---

[1] °śramaṃ mss.
[2] °sirddho A, °siddha BCDEFG
[3] bodhisattvo mahāsattvo F
[4] bho mss.

vīryarathasamārūḍho lokapālanakāmukaḥ I
smṛtvā ratnatrayaṃ devaṃ svasaukhye 'nādaro 'bhavat II 209 II

sthitvā tatra janān rakṣa[1] pālayan matparigraham I
dattvārcitvā ca mannāmnā ity udantaṃ samādiśat II 210 II

nyavedayan sāśrunetrā mā gaccha svapnadeśataḥ I
kiṃ tu pūrṇā sā pratijñā kutraikākī vrajeḥ katham II 211 II

yadi nūnaṃ saṃcariṣṇur vayam api cariṣṇavaḥ I
samākarṇya giraṃ teṣāṃ supriyaḥ punar abravīt II 212 II

taskarāṇāṃ saptaśatam api saṃtoṣitaṃ na tu I
pratijñā pūryate kena mahatī me sahāyakāḥ II 213 II

tat svapnaṃ tathyam eva syād yūyaṃ hi niṣparākramāḥ I
iti tān preṣayām āsa kathābhir mānayan muhuḥ[2] I
galadaśrumukhān bhūyaḥ saṃcodya saṃvicārayan II 214 II

tatra sarve kramāt prāptāḥ kathayām āsur ambikām I
pravṛttiṃ tasya patnī ca rudantī bāṣpalocanā II 215 II

sulapanātha tan[3]nāmnā dattvārcitvā kuleśvaram I
nirbhūṣaṇā śuklavastrā[4] vidhaveva samācarat II 216 II

tataḥ sa sanmatir dhīras tāṃ devīṃ samanusmaran I
sarvāṃl lokādhipāṃś cāpi natvā saṃprasthito 'carat II 217 II

tataḥ so 'nukramaṃs tāni pañcadvīpaśatāny api I
samatikramya saṃpaśyann ekākī carati[5] kramāt II 218 II

[6]tatas tān parvatān sapta sapta cābdhimahānadīḥ I
krameṇa samatikramya pracacāra samāhitaḥ II 219 II

tatra bhuktvā sa mūlāni puṣpadalaphalāny api I
yathā devīsamādiṣṭaṃ tathā saṃdhāya prāsarat II 220 II[6]

---

[1] ? rakṣya mss.
[2] mudā ACD, muhāḥ G
[3] sulapathā tan° A, surapanā° B
[4] śuklanirbhūṣaṇā vastrā ABCDEG
[5] praca° mss., read prācarat?
[6] 219, 220 om. ABCDEG

evaṃ sa saṃcaran[1] varṣair[1] dvādaśabhir vilaṅghya tam |
mahānagaram āsādya tatrodyāne samāśrayat || 221 ||

tatra sa supriyo dhī(277b)raḥ puruṣaṃ samupāgatam |
saṃpaśyan samupāmantrya papracchaivaṃ samādarāt || 222 ||

asti bhoḥ[2] puruṣātrāpi rohitake mahāpure |
sārthavāho mahāsattvo magho nāma vaṇikprabhuḥ || 223 ||

iti tatpṛṣṭam[3] ākarṇya puruṣaḥ sa samīkṣya tam |
supriyaṃ suprasannāsyaṃ saṃpaśyann evam abravīt || 224 ||

asti bhoḥ[4] puruṣāsmin sa maghaḥ śrīmān vaṇikprabhuḥ |
kiṃ tv etarhi[5] mahāvyādhigrasto mṛtyusamīpagaḥ || 225 ||

iti tadgaditaṃ śrutvā supriyaḥ sa vicakṣaṇaḥ |
tadvipattiviṣaṇṇātmā niḥśvasyaivaṃ vyacintayat || 226 ||

mā haivāsau mayādṛṣṭo magho mṛtyuṃ vrajed api |
ko me 'tra badaradvīpagamanavṛttim ādiśet || 227 ||

iti vicintya dhīmān sa sarvavidyāvicakṣaṇaḥ |
taṃ maghaṃ rogiṇaṃ draṣṭuṃ tadbhavanam upāsarat || 228 ||

taṃ tatra samupāyātaṃ praveṣṭuṃ tadgṛhāntaram[6] |
dvārapālaḥ samālokya vicāryaivam abhāṣata || 229 ||

bhoḥ[7] puruṣādhunā mātra praviśatu bhavān yataḥ |
asmatsvāmī mahārogī bhavati mohitendriyaḥ[8] || 230 ||

iti tadbhāṣitaṃ śrutvā supriyaḥ sanmatiḥ kṛtī |
dvārapālaṃ tam ālokya[9] sudṛṣṭvaivam abhāṣata || 231 ||

vaidyo 'haṃ svāminaṃ te 'tra rogiṇaṃ draṣṭum āgataḥ |
tad bhavān svāmino rogaṃ saṃdarśayatu sāṃpratam || 232 ||

---

[1] °rann adai A, °rann abde B, °rann abdai CG, °rann abdair DE
[2] bho mss.
[3] °spṛṣṭam mss.
[4] bho mss.
[5] tvaitarhi mss.
[6] °ntare ABCDEG
[7] bho mss.
[8] vimohi° F
[9] °pālaṃ samālokya ABCDEG

iti tadbhāṣitaṃ śrutvā dvārapālaḥ samīkṣya tam ।
āgaccheti mudā proktvā prāveśayan maghālayam ॥ 233 ॥

tatra sa[1] upaviṣṭas taṃ roginaṃ samapaśyata ।
tadāturanimittāni samīkṣyaivaṃ vyacintayat ॥ 234 ॥

hā mahāsārthavāho 'yaṃ sarvavaṇigghitārthabhṛt ।
mahārukparigrastāṅgaḥ ṣaṇmāsair mṛtyum āpnuyāt ॥ 235 ॥

iti vicintya sadvaidyaḥ supriyaḥ sa vicakṣaṇaḥ ।
sarvopāyavidhānena tadrogaṃ paryaśāntayat ॥ 236 ॥

pathyabhogyopacārāṇi bhaiṣajyāni yathocitam ।
tadrogapariśāntyarthaṃ vyupadiśyānvasevyata ॥ 237 ॥

tataḥ sa janakasyeva satputraḥ samupasthitaḥ ।
saśuśrūṣāvidhānena[2] tadrogaṃ samaśāntaya(278a)t[3] ॥ 238 ॥

tato maghaḥ sa nīrogaḥ paripuṣṭendriyaḥ sudhīḥ ।
supriyaṃ taṃ mahāsattvaṃ saṃpaśyann evam abravīt ॥ 239 ॥

dhanyo 'si tvaṃ mahāsattva kuta iha samāgataḥ ।
yenārthena ca tat satyaṃ puro me vaktum arhasi ॥ 240 ॥

iti tatprārthitaṃ śrutvā supriyaḥ sārthabhṛt sudhīḥ ।
taṃ maghaṃ sārthabhṛnnāthaṃ saṃpaśyann evam abravīt ॥ 241 ॥

sārthavāha yadarthena jambudvīpād ihāvraje[4] ।
tad ahaṃ bhavate vakṣye saṃśṛṇuṣva mahāmate ॥ 242 ॥

vārāṇasyāṃ vaṇigbhartā priyasenābhidho gṛhī ।
tasyātmajo vaṇigbhartā supriya iti viśrutaḥ ॥ 243 ॥

yal lokā duḥkhino dṛṣṭvā jāyate karuṇā mayi ।
te mayā sukhinaḥ kartuṃ pratijñā mahatī kṛtā ॥ 244 ॥

tatpratijñābhisiddhyarthaṃ mahāvīryasamudyataḥ ।
saṃsādhituṃ mahāratnaṃ bhavaccharaṇam āvraje ॥ 245 ॥

---

[1] me ABCDEG
[2] suśruśrū° ADG, saśruśrū° BCEF
[3] °ntaye ABCDEG, °ntayet F
[4] °jet ABCDEG

yat tatra bhavatā sārdhaṃ badaradvīpapattane |
gantum icchāmy ahaṃ sādho tan māṃ saṃnetum arhasi || 246 ||

iti tatprārthitaṃ śrutvā sārthavāho maghaḥ sudhīḥ |
supriyaṃ taṃ mahāsattvaṃ saṃpaśyann evam abravīt || 247 ||

taruṇas tvaṃ mahāsattva dharmakāyo mahāmatiḥ |
paśyāmi te mahāvīryam amānuṣyaṃ mahottamam || 248 ||

yat tvaṃ vīryamahotsāhair etannadīnagā api |
svayam ekaḥ samullaṅghya jambudvīpād ihāgataḥ || 249 ||

tad bhavantaṃ mahābhijñaṃ devaṃ[1] sattvahitodyatam |
nṛveśadhāriṇaṃ manye saddharmasukhasaṃbharam || 250 ||

yat te na vidyate kiṃ cid asādhyaṃ karma dustaram |
iti paśyāmy ahaṃ tatra mahāvīryaṃ[2] mahadbalam || 251 ||

tad ahaṃ bhavatā sārdhaṃ badaradvīpapattane |
gantum icchāmy ahaṃ nūnaṃ tvatpratijñābhisiddhaye || 252 ||

api tv ahaṃ mahāvyādhiparimukto 'smi sāṃpratam |
tvaṃ ca parahitārthena svajīve 'pi nirādaraḥ || 253 ||

kas te parahitārthena[3] prodyatasya mahātmanaḥ |
svajīvitam api tyaktuṃ notsahed dharmalabdhaye || 254 ||

tad vatsa sudṛḍhāṃ nāvaṃ saṃvaraṃ ca samānaya |
yad āvayor jagadbhadrayātrāyanaṃ bhaved api || 255 ||

evaṃ tadbhāṣitaṃ śrutvā (278b) supriyaḥ sanmatir mudā |
tatheti prativijñapya tathānetuṃ tato 'sarat || 256 ||

tatra sa sudṛḍhāṃ naukām upānīyābhinanditaḥ |
saṃvaraṃ ca samabhyarcya sametya magham abravīt || 257 ||

deva mayā samānītā sudṛḍhā nau śubhāñcitā |
saṃvaraṃ ca samāropya sarvaṃ sajjīkṛtaṃ[1] dhruvam[4] || 258 ||

---

[1] devai ABCDEG
[2] °vīryya mss.
[3] °rthepi F
[4] °kṛtaṃ cara ADG, kṛtaṃ ca tat BCE

tad bhavān manyate kālaṃ yasyedānīṃ mahāmate |
svastyayanavidhiṃ dhṛtvā tathā prasthātum arhati || 259 ||

tac chrutvā sārthavāhaḥ sa maghaḥ samanumoditaḥ |
jñātibandhusuhṛnmitrān samāmantryaivam abravīt || 260 ||

bhavanto 'haṃ gamiṣyāmi ratnākare mahodadhau |
tat sarve 'pi samādhāya carantu sarvadā śubhe || 261 ||

tac chrutvā jñātayaḥ sarve suhṛnmitramahājanāḥ |
sarve 'pi tam ānatvā tatra[1] gantuṃ nyavārayan || 262 ||

sarvair nivāryamāṇo 'pi sārthabhṛt sanmatiḥ kṛtī[2] |
yatra[3] gantuṃ samutsāhī prasthātuṃ samasādhayat || 263 ||

tataḥ sa sārthabhṛn netā supriyaṃ taṃ mahāmatim |
saṃpaśyan samupāmantrya sādaram evam abravīt || 264 ||

vatsa paṇyaṃ samādāya dhṛtvā svastyayanaṃ mudā |
sajjīkṛtya[4] samāgaccha saṃgacchāvo 'dhunāmbudhau || 265 ||

evaṃ tadbhāṣitaṃ śrutvā supriyaḥ so 'bhinanditaḥ |
tat paṇyaṃ samupānīya dhṛtvā svastyayanaṃ mudā |
sajjīkṛtya samutsāhī maghasya samupācarat[5] || 266 ||

taṃ samīkṣya samāyātaṃ magho 'pi saṃprasāditaḥ |
dhṛtvā svastyayanaṃ tena saha saṃprasthito 'sarat || 267 ||

tataḥ sa pracaraṃs tena supriyeṇa samanvitaḥ |
saṃpaśyan sarvato mārge tam abdhiṃ samupāyayau || 268 ||

samīkṣya taṃ mahāmbhodhiṃ praṇatvā saṃpramoditaḥ |
dṛḍhāṃ nāvaṃ samāruhya sasupriyo mudātarat || 269 ||

tatrāvatāryamāṇo 'sau maghaḥ sārthapatī rujā |
parikrānto mahāduḥkhaparikhinnāśrayo 'bhavat[6] || 270 ||

---

[1] tata AG
[2] kṛtiḥ mss.
[3] tatra A
[4] °kṛtvā mss. But compare 266e.
[5] °pāsarat ABCDEG
[6] bhavet mss.

tataḥ sa parikhinnātmā svakuleśam anusmaran I
supri(279a)yaṃ taṃ mahāsattvaṃ saṃpaśyann evam abravīt II 271 II

vatsātra mama kāye 'smin bāḍharogo[1] 'bhijāyate I
tad ahaṃ dhairyam ālambya tarituṃ naiva śaknuyām II 272 II

tan me sukomalāṃ śayyāṃ vistārayātra sāṃpratam I
yatrāhaṃ samupāśritya tariṣyāmīmam ambudhim II 273 II

asminn abdhau prajāyeran vividharañjitāny api I
vividhāni nimittāni jale 'tra vikṛtāni ca II 274 II

tāni sarvāṇi pānīyavarṇāni vividhāny api I
samīkṣya tvaṃ puro me 'tra samabhyākhyātum[2] arhasi II 275 II

evaṃ tatsamupākhyātaṃ śrutvā sa supriyaḥ sudhīḥ I
tathā śayyāṃ pravistārya taṃ paśyann evam abravīt II 276 II

sārthavāha tathā śayyā sukomalā prasāritā I
tad atra samupāśritya tiṣṭha dhyātveśvaraṃ smaran II 277 II

iti tatkathitaṃ śrutvā sa magha utthitaḥ śanaiḥ I
tac chayyāsanam āśritya tasthau dhyātveśvaraṃ smaran II 278 II

tataḥ sa preryamāṇo 'sau naukāśrito 'nilaiḥ kramāt I
ekapāṇḍaravarṇābhaṃ pānīyaṃ samapaśyata II 279 II

taj jalaṃ pāṇḍuvarṇābhaṃ samīkṣya so 'tivismitaḥ I
maghasya sārthavāhasya purata evam abravīt II 280 II

sārthavāha vijānīyā yad atrāhaṃ mahodadhau I
pāṇḍuvarṇaṃ jalaṃ sarvaṃ saṃpaśyāmi hi sāṃpratam II 281 II

evaṃ tadbhāṣitaṃ śrutvā sa maghaḥ sārthabhṛt sudhīḥ I
supriyaṃ vismayāpannaṃ taṃ paśyann evam abravīt II 282 II

supriyedaṃ jalaṃ sarvaṃ naiva pāṇḍaravarṇakam I
api tu paśyasi proccaṃ dakṣiṇasyāṃ sudhānagam II 283 II

tasyātredaṃ jalaṃ sarvaṃ chāyānubhāvarañjitam I
viṃśatidhātugotrāṇi vidyante tatra parvate II 284 II

---

[1] pādharogo ADG, vādharogo BE, vyādharogo C, vāṭarogo F. But compare bāḍhaglāno in *Divyāvadāna* (ed. P.L. VAIDYA, p. 69.21).

[2] samā° ABCDEG

yāni paktvā suvarṇādidravyāṇi nirmalāny api ।
yāny ādāya nivartante jāmbudvīpanarā mudā ॥ 285 ॥

prathamaṃ badaradvīpanimittaṃ manyatām iti ।
etat tadbhāṣitaṃ śrutvā supriyaḥ pratyabudhyata ॥ 286 ॥

tato dūre 'bhigacchan sa supriyas tanmahāmbudhau ।
punas ta(279b)d udakaṃ sarvaṃ śastravarṇam[1] apaśyata ॥ 287 ॥

taṃ nīlodakam ālokya supriyaś cātivismitaḥ ।
maghasya sārthavāhasya purata evam abravīt ॥ 288 ॥

yat sārthavāha jānīyāḥ[2] punar atra mahodadhau ।
śastravarṇaṃ[3] jalaṃ sarvaṃ paśyāmi khalu sāṃpratam ॥ 289 ॥

iti tadbhāṣitaṃ śrutvā maghaḥ sārthapatiḥ sudhīḥ ।
supriyaṃ taṃ mahāsattvaṃ saṃpaśyann evam abravīt ॥ 290 ॥

vatsedam udakaṃ naiva bhavati śastravarṇakam[4] ।
apy asti śastravarṇāgo[5] dakṣiṇasyāṃ samīkṣyatām ॥ 291 ॥

tasyaitadanubhāvena pānīyam iha rañjitam ।
atrāpi dhātugotrāṇi vidyante vividhāni ca ॥ 292 ॥

yāni paktvā suvarṇādidravyāṇi vividhāny api ।
vaiḍūryādīni ratnāni prasidhyante mahānty api ॥ 293 ॥

yāni te dhāturatnāni jāmbudvīpyā narā mudā ।
samādāyābhinandantaḥ[6] pratyāgatā nijāśramam ॥ 294 ॥

badaradvīpanaimittaṃ dvitīyaṃ jñāyatām idam ।
evaṃ tadbhāṣitaṃ śrutvā supriyaḥ samabudhyata ॥ 295 ॥

tato gacchan sa dūre ca sarvaṃ nīlamayaṃ jalam ।
samapaśyat puras tasya maghasya tac ca prāvadat ॥ 296 ॥

sārthavāhātra jānīyāḥ sarvaṃ nīlamayaṃ jalam ।
vahaty etan nimittaṃ ca samupādeṣṭum arhati ॥ 297 ॥

---

[1] rakta above śastra B
[2] °nīyā mss.
[3] rakta below śastra B
[4] rakta above śastra B
[5] rakta above śastra B; °varṇṇāṃgo ACD, °varṇṇogo EFG
[6] °nandakaḥ ABCEG

iti tadbhāṣitaṃ śrutvā magha evam abhāṣata |
naitan nīlamayaṃ hy ambho dakṣiṇasyāṃ samīkṣyatām || 298 ||

tatra yad vidyate lohaparvato 'timahattaraḥ[1] |
tasya cchāyānubhāvena sarvavāry anurañjitam || 299 ||

tatrāpi dhātugotrāṇi vidyante vividhāny api |
yato ratnāni jāyante dravyāṇi vividhāny api || 300 ||

tāni martyāḥ samādāya pratyāgatā nijālayam |
dattvā dānaṃ sukhaṃ bhuktvā saṃcarante sadā śubhe || 301 ||

badaradvīpanaimittaṃ tṛtīyam idam ucyate |
tac chrutvā nanditātmā sa supriyaḥ pratyabudhyata || 302 ||

tato gacchann apaśyat sa sarvaṃ ca lohitaṃ jalam |
tad dṛṣṭvā vismitaś cāsau maghasyaivaṃ puro 'vadat || 303 ||

sārthavāhātra paśyāmi sarvaṃ ca lohitaṃ jalam |
etannimittam ākhyātum arhati me puro bhavā(280a)n || 304 ||

etat taduktam ākarṇya sa maghaḥ sārthabhṛt prabhuḥ |
supriyaṃ taṃ mahāsattvaṃ saṃpaśyann evam abravīt || 305 ||

vatsa nātra jalaṃ raktaṃ dakṣiṇasyāṃ tu dṛśyatām |
tatrāpi vidyate tāmraparvataḥ sarvadhātumān || 306 ||

yatra ratnāni tāmrādidravyāṇi vividhāny api |
tatraitāni samādāya pratyāgatā narā mudā || 307 ||

badaradvīpanaimittaṃ caturtham idam ucyate |
tac chrutvā supriyaś cāsau samabhinandito 'bhavat || 308 ||

tato vrajann apaśyac ca sarvaṃ pītamayaṃ jalam |
tad dṛṣṭvā vismitaś cāsau maghasyaivaṃ puro 'vadat || 309 ||

sārthavāhātra paśyāmi sarvaṃ pītamayaṃ jalam |
katham atra jalaṃ pītam etaddhetuṃ samādiśa || 310 ||

tac chrutvā sa maghaś cāha nedaṃ pītamayaṃ jalam |
suvarṇaparvato hy asti dakṣiṇasyāṃ samīkṣyatām || 311 ||

---

[1] °taraṃ ABCDEG

tasya cchāyānubhāvena pānīyam atra rañjitam I
atra suvarṇaratnāni samādāya mudā narāḥ II 312 II

pratyāgatāḥ sadā dānaṃ dattvā bhuktvā sukhaṃ mudā I
saddharmasādhanāraktāḥ saṃcarante sadā śubhe I
tac chrutvā supriyaś cāsau prabodhito 'bhyanandata II 313 II

adrākṣīc ca tato gacchan sa sarvaṃ śubhrakaṃ jalam I
tad dṛṣṭvā vismayāpannaḥ sa maghaṃ caivam abravīt II 314 II

sārthavāhātra paśyāmi sarvaṃ śuklamayaṃ jalam I
kenaitad rañjitaṃ cāsya hetuṃ me samupādiśa II 315 II

tan niśamya maghas taṃ ca saṃpaśyann evam abravīt I
vatsātra dakṣiṇasyāṃ hi vidyate rūpyaparvataḥ II 316 II

etacchāyānubhāvena rañjitam idam ambaram I
tatra rūpyāṇi vidyante ratnāni vividhāni ca II 317 II

tatrāpy ādāya rūpyāṇi ratnāni mānavā mudā I
dattvā dānaṃ sukhaṃ bhuktvā saṃcarante śubhe sadā II 318 II

tac chrutvābhyanubuddhvā sa supriyaḥ pratyabudhyata I
tataḥ sa pracaraṃs tatra prādrākṣīd dharitaṃ jalam II 319 II

tat prekṣyātivismito 'sau maghasyaivaṃ puro 'vadat I
sādho sarvaṃ haridvarṇaṃ jalaṃ tat kena hetunā II 320 II

iti tadbhāṣitaṃ śrutvā maghas taṃ caivam abravīt I
atrāsti dakṣiṇasyāṃ ca dṛśyatāṃ parvato mahān II 321 II

etacchāyānubhāvena jalam ihānurañjitam I (280b)
tatra vaiḍūryaratnāni vidyante nirmalāni hi II 322 II

tatra tāni samādāya mānavā abhinanditāḥ I
dānaṃ dattvā sukhaṃ bhuktvā saṃcarante sadā śubhe I
tan niśamyānubuddhvā sa supriyaḥ prābhyanandata II 323 II

tato gacchann apaśyac ca[1] sarvaṃ sphaṭikasaṃnibham I
taj jalaṃ ca samīkṣyaiva maghasya purato 'vadat II 324 II

---

[1] tatāpaśyat sa gacchac ca F

sādho 'tra ca jalaṃ sarvaṃ vahet[1] sphaṭikanirmalam |
tenaitad rañjitaṃ vāri taddhetuṃ me samādiśa || 325 ||

tan niśamya maghaḥ prāha supriyaṃ taṃ samīkṣya saḥ |
ato 'sti dakṣiṇasyāṃ hi sphaṭikaparvato mahān || 326 ||

etacchāyānubhāvena jalam atrānurañjitam |
tatra gṛhṇanti ratnāni vividhāni narā mudā || 327 ||

tatsaṃpattisamāpannā jāmbudvīpā narāḥ sadā |[2]
dānaṃ dattvā sukhaṃ bhuktvā saṃcarante sadā śubhe || 328 ||

iti tatsamupākhyātaṃ[3] śrutvā so 'bhyanubodhitaḥ[4] |
satyam eva parijñāya samabhinandito 'bhavat || 329 ||

tato gacchan puras tatra[5] nīlaṃ pītaṃ ca lohitam |
avadātaṃ ca pānīyaṃ vimiśritaṃ dadarśa saḥ || 330 ||

etan miśraṃ jalaṃ dṛṣṭvā supriyo vismayānvitaḥ |
maghasya purataś caitat paśyann evam abhāṣata[6] || 331 ||

sārthavāhātra paśyāmi caturvarṇavimiśritam |
jalam etat kathaṃ kena hetunā me samādiśa || 332 ||

tan niśamya maghaś cāsau supriyaṃ vismayānvitam |
mahāsattvaṃ mahāvīryaṃ saṃpaśyann evam ādiśat || 333 ||

ato 'pi dakṣiṇasyāṃ ca catūratnamayo nagaḥ |
tasya cchāyānubhāvena jalam ihānurañjitam || 334 ||

tatrāpi ca samādāya catūratnāni mānuṣāḥ |
dānaṃ kṛtvā yathākāmaṃ bhuktvā caranti satsukham || 335 ||

iti taddeśitaṃ śrutvā supriyo 'bhiprabodhitaḥ[7] |
satyam evaṃ parijñāya babhūva prābhinanditaḥ || 336 ||

---

[1] ? vahate A, vahe BCDEFG
[2] ab om. ABCDEG
[3] etat tatsamupādiṣṭam ABCDEG
[4] bhibodhitaḥ F
[5] tasya ABCDEG
[6] abravīt B
[7] bhiścabodhitaḥ ACD

tataś cāntarjale 'paśyad dīpā iva pradīptitāḥ I
tāḥ samīkṣya puras tasya maghasya sa nyavedayat II 337 II

antarjale 'tra paśyāmi dīpān iva pradīptitān I
kenātra rañjitaṃ sādho tannimittaṃ samādiśa II 338 II

tan niśamya maghas taṃ ca supriyaṃ vismayānvitam I
mahāvīryaṃ samutsāhaṃ saṃpaśyann evam abravīt II 339 II

vatsātrāntarjale santi mahauṣadhyo 'bhidīpti(281a)tāḥ I
etatprabhānubhāvena sarva<ṃ> jalaṃ pradīptitam II 340 II

tatrauṣadhīḥ samādāya bhiṣagvarāḥ pramoditāḥ I
sarveṣāṃ sarvarogāṇi praśamyānandayanty api II 341 II

vatsaitāni nimittāni daśa jānāmy ato na hi I
gamanaṃ badaradvīpe pratijānāmy ahaṃ khalu II 342 II

etat tatsamupādiṣṭaṃ niśamya supriyo mudā I
sārthavāhaṃ maghaṃ paśyan bhūyo 'py evam abhāṣata II 343 II

kadātra badaradvīpapattanāntaṃ bhaviṣyati I
ito gamyaṃ kiyac caitat samupākhyātum arhati II 344 II

iti tatprārthitaṃ śrutvā maghaḥ sa supriyaṃ ca tam I
mahāsattvaṃ mahāvīryaṃ saṃpaśyann evam abravīt II 345 II

mayāpi badaradvīpaṃ sarvaṃ naivābhidṛśyate I
antikāt sārthavāhānāṃ vṛddhānāṃ śrutam eva hi II 346 II

itas tīraṃ samuttīrya paścimābhimukho vrajet I
evam etat samākhyātaṃ sārthavāhaiḥ śrutaṃ mayā II 347 II

etad eva kathitvā sa maghas tūṣṇī<ṃ> vyavasthitaḥ I
yad rogavedanākrāntaḥ sarvāṅgaparipīḍitaḥ II 348 II

tam evaṃ rogiṇaṃ dṛṣṭvā supriyaḥ so 'pi devatām I
dhyātvā smṛtvā samaṃ natvā[1] prārthayad evam ādarāt II 349 II

[1] dhyātvānusmṛtvā saṃnatvā BF, dhyātvānusmṛtvā saṃnatvā corrected to read as: dhyātvā smṛtvā saṃnatvā ca E, dhyātvā smṛtvā saṃmanatvā G

rakṣemaṃ svāminaṃ nāthaṃ kṣamasva me 'parādhatām |
evaṃ tatprārthitaṃ śrutvā supriyaṃ sa magho 'vadat[1] || 350 ||

asahyavedanā vatsa prādurbhūtā tanau mama |
tad eṣā nīyatāṃ naukā tīre 'tra sāṃprataṃ laghu || 351 ||

vetrapāśena baddhvā māṃ nāvaṃ me deham arcaya |
prāṇamuktam idaṃ kāyaṃ saṃkuruṣva yathāvidhi || 352 ||

avaśyaṃ bhāvino bhāvā bhavanti sarvadehinām |
tan me 'tra śocanāṃ kṛtvā mā bhava dīnamānasaḥ || 353 ||

evaṃ tadbhāṣitaṃ śrutvā tathā sa supriyas tataḥ |
tīre nītvā babandhāsau vetrapāśena taṃ plavam || 354 ||

tatrāntare magho dhyātvā smṛtvā ratnatrayaṃ mudā[2] |
kāle dharmābhisaṃyuktaḥ kāyaṃ tyaktvā divaṃ yayau || 355 ||

tataḥ kālagataṃ matvā taṃ maghaṃ supriyaḥ sthale |
pratiṣṭhāpya samabhyarcya vahninā samadāhayat || 356 ||

tatas tadasthi saṃgṛhya prāvāhayat mahodadhau |
tatas tac chokam ujjhitvā sa evaṃ samacintayat || 357 ||

idaṃ potaṃ samāruhya kutra yāsyāmi sāṃpra(281b)tam |
daivena prerito yatra tatrābhisaṃsareya hi || 358 ||

evaṃ vicintyamānasya supriyasya mahāmateḥ |
tat potaṃ tīvravegena vāyunāpahṛto 'mbhasi || 359 ||

tad apahṛtaṃ ugreṇa vāyunā vīkṣya supriyaḥ |
vīryapotaṃ samāruhya prācarat paścimāṃ diśam || 360 ||

tatra pārśve catūratnamayasya parvatasya saḥ |
saṃprayāto mahāṭavyāṃ pracacāra vilokayan || 361 ||

tatra sa phalamūlāni bhakṣamāṇo vrajaṃs tataḥ |
anekayojanānītya ślakṣṇaṃ dadarśa parvatam || 362 ||

tatroccataram[3] udvīkṣya so 'bhigatas tadantikam |
abhiroḍhuṃ suvīryo 'pi na śaśāka kathaṃ cana || 363 ||

---

[1] sa maghaḥ supriyaṃ vadat ABCDEG
[2] smṛtvā natvā kuleśvare F
[3] taṃ proccataram F

tatra sa madhunālipya pādau samabhiruhya tam |
nagaṃ tato 'vatīrṇo 'pi[1] gacchan mudā caraṃs tataḥ || 364 ||

tatra phalāni mūlāni bhakṣan sa prāsarat[2] tataḥ |
anekayojanānītya dadarśa nagam uccakam || 365 ||

tam abhiroḍhum udvīkṣya niḥsaraṇaṃ[3] samantataḥ |
bhraman paryeṣamāṇo 'sau kutra cin nābhyapaśyata[4] || 366 ||

tatra mārgam alabdhaḥ[5] sa viṣādaparitāpitaḥ |
taccintayā parītātmā nidrāhatendriyo 'bhavat || 367 ||

tadā tasmin nage yakṣo nīlādo nāma[6] tiṣṭhati[6] |
sa taṃ nidrāvaśībhūtaṃ samīkṣyaivaṃ vyacintayat || 368 ||

puruṣo 'yaṃ mahāsattvo bodhisattvaḥ suvīryavān |
sarvasattvahitotsāhī saddharmaśrīsukhārthabhṛt || 369 ||

ratnārtham iha prāyātaḥ parikliṣṭo 'bhikheditaḥ |
tad aham asya sāhāyyaṃ kalpayeyam ihādhunā || 370 ||

evaṃ niścitya nīlādo yakṣas tasmin prasuptite |
tatpuraḥ samupāsṛtya[7] saṃpaśyann evam abravīt || 371 ||

atraiṣa tvam ito gatvā yojanaṃ paśya parvate |
trīṇi śṛṅgāṇi vidyante mahaduccatarāṇi hi || 372 ||

tatra vetraṃ[8] śitaṃ[8] dhṛtvā saṃkramasva samāruhan |
evaṃ proktvā sa nīlādas taṃ prasuptaṃ prabodhayan |
tato 'ntarhita ekānte sthitvā paśyan samāśrayat || 373 ||

tan niśamya prabuddhaḥ sa supriyaḥ prābhinanditaḥ |
utthāya sahasā gatvā tatra bhraman vyalokayat[9] || 374 ||[10]

---

1 'bhi F
2 prācarat C
3 nissa° mss.
4 kutra vivitrābhyadyata A, kutracinnātprapadyata C, °cinnābhyapadyata D
5 alabdhāṃ ACD, alabdhā BEFG
6 nāmodhyatiṣṭhata F
7 °pāśritya ABCDEG
8 vetraśitāṃ mss.
9 °kayan F. - For footnote 10 see next page.
10 cd om. ABCDEG

tan niśamyābhibuddhaḥ sa supriyo vismayānvitaḥ ।
samutthāyābhyanusmṛtvā tad evaṃ samacintayat[1] ॥ 375 ॥[2]

aho devasamādiṣṭaṃ[3] suptenātra mayā śrutam ।
etat satyaṃ bhaven nūnaṃ tat tathā saṃkramāmy aham ॥ 376 ॥[4]

tataḥ so 'bhibhramaṃs trīṇi śṛṅgāṇi samapaśyata ।
tatra vetraṃ[5] śitaṃ[5] dhṛtvā parvataṃ taṃ samāruhat ॥ 377 ॥

tatra sa vīryavān paśya(282a)nn avaruhya samāhitaḥ ।
tataḥ saṃprasthito bhūyo 'py adrākṣīt sphaṭikaṃ nagam ॥ 378 ॥

taṃ[6] samīkṣya manuṣyāṇām agamyaṃ mahadudgatam ।
samantato bhramaṃs tatra mārgaṃ sa[7] nālabhat[7] kva cit[8] ॥ 379 ॥

tatra mārgam apaśyan sa tadabhirohaṇāya hi ।
vyavatasthāv ahorātraṃ taccintābhihatāśayaḥ[9] ॥ 380 ॥

tatra nage[10] sthito yakṣaś candraprabhābhidho mahān ।
sa taṃ cintāhatātmānaṃ samīkṣyaivaṃ vyacintayat ॥ 381 ॥

puruṣo 'yaṃ mahāsattvaḥ sarvasattvahitārthabhṛt ।
saṃsādhituṃ mahāratnam ihāyāto mudādhunā ॥ 382 ॥

eṣa mārgam ihālabdhvā cintāparo 'bhitiṣṭhate ।
tad asyāhaṃ samāśvāsya mārgaṃ saṃdarśaye 'dhunā ॥ 383 ॥

iti saṃcintya yakṣaḥ sa taṃ sametya puraḥsthitaḥ ।
samāśvāsya prasannātmā[11] saṃpaśyann evam abravīt ॥ 384 ॥

---

[10] cd om. ABCDEG
[1] °cintat F
[2] 375 om. ABCDEG
[3] daivasa° F
[4] 376 om. ABCDEG
[5] vetraśito ACDEG, vetraśitro B, vetraśitāṃ F
[6] tat mss.
[7] sonālabha ABCEG, so nā° D
[8] d mārgaṃ naivābhyalabhat sa vai F
[9] °cintādihatā° A, °cintāhihatā° BCDEG
[10] tatrāgebhi ABCDFG, tatrāgebhi corrected in margin as: tatra nage E
[11] prasannāsyaḥ F

sādho mātra viṣīda tvaṃ saṃcarasva samāhitaḥ ।
krośamātram ito gatvā drakṣyasi candanaṃ vanam ॥ 385 ॥

tatrānusaṃcaran paśya vidyate mahatī śilā ।
tāṃ samutpāṭya vīryeṇa paśyasi[1] mahatīṃ guhām ॥ 386 ॥

tasyāṃ prabhāsvarā nāma saṃvidyate mahauṣadhī[2] ।
tāṃ pañcaguṇasaṃpannāṃ samīkṣyādāya saṃvraja ॥ 387 ॥

tasyā guṇaprabhāvena kāye śastraṃ kramen na hi ।
avatāraṃ na lapsyante sarvaduṣṭāsurādayaḥ[3] ॥ 388 ॥

balaṃ vīryaṃ samālokaṃ[4] sa labhed yo dadhāti tām ।
tat tāṃ dhṛtvā[5] prayāhi tvaṃ śrīsopānaṃ ca prekṣase ॥ 389 ॥

tatra tena catūratnasopānena samāruha ।
sphaṭikaparvataṃ svasti saṃkramasva vilokayan ॥ 390 ॥

tato 'vatarato bhūyaḥ sāntardhāsyati[6] sauṣadhī ।
tadā tvayā na kartavyaṃ śokaviṣādarodanam[7] ॥ 391 ॥

evaṃ candraprabho yakṣaḥ supriyaṃ taṃ mahāmatim ।
samanuśāsya saṃpaśyaṃs tataḥ so 'ntarhito 'vrajat ॥ 392 ॥

tac chrutvā supriyo dhīmān samabhibodhitas tataḥ ।
prayātaś candane 'raṇye dadarśa mahatīṃ śilām ॥ 393 ॥

tāṃ samutpāṭya vīryeṇa samaikṣata mahadguhām ।
tatra samīkṣya so 'drākṣīt prabhāsvarāṃ mahauṣadhīm[8] ॥ 394 ॥

tāṃ samādāya niryāto mahābalo 'tivīryavān ।
tatrābhilokayan[9] ratnasopānaṃ abhyapaśyata ॥ 395 ॥

tataḥ sa supriyas tena prāruhya sphaṭikaṃ nagam ।
yakṣadeśitamārge(282b)ṇa pracakrāma samāhitaḥ ॥ 396 ॥

---

[1] paśyasva F
[2] mahoṣadhī ABDEFG
[3] duṣṭāḥsurādayaḥ ABCDEF, sarvaduṣṭāḥ G
[4] samālokya ABCDEG
[5] hitvā AB
[6] bhūyasāntar° ABCFG, bhūyosāntar° D
[7] °vaṣāda° A, °vaiṣāda° BCDEFG
[8] mahoṣa° mss.
[9] °kayad ABCDE

tato 'vatīrya saṃpaśyan pracacāra mahītale I
tataḥ sāntaritā tasya prabhāsvarā mahauṣadhī[1] II 397 II

tatra[2] saṃprasthito 'paśyat sauvarṇanagaraṃ ca saḥ I
ārāmodyānasaṃpannaṃ puṣkariṇīsamāvṛtam II 398 II

tad[3] dṛṣṭvā sa mudā tasya dvāram upagataḥ punaḥ I
apaśyan nirjanaṃ śūnyaṃ dṛṣṭvodyāne samāśrayat II 399 II

tatra sthitvā viṣaṇṇātmā dhyātvaivaṃ samacintayat I
yad idam iha paśyāmi tad api śūnyakaṃ khalu II 400 II

kadāhaṃ badaradvīpaṃ prāpya lapsyāmi vāñchitam I
etaccintāparītātmā middho 'śetābhinidritaḥ[4] II 401 II

taṃ samīkṣya mahāsattvam etaccintākulāśayam I
sā pūrvadevatā prātaḥ sametyaivam[5] abhāṣata II 402 II

sādhu sādhu mahāsattva dhairyam ālambya paśya mām I
tava mano'bhinandārthaṃ samāśvasitum āgatām II 403 II

sarvakāntāradurgāṇi nistīrṇāni tvayādhunā[6] I
saṃprāpto badaradvīpapattanaṃ saṃprasīda tat II 404 II

saṃgopyātra prayatnena sarvendriyāṇi sarvataḥ I
susmṛtiṃ manasā dhṛtvā saṃcarasva samāhitaḥ II 405 II

atra śvo[7] nagaradvāraṃ gatvā samabhilokayan I
tatkapāṭe tridhākoṭya saṃtiṣṭhasva samāśritaḥ II 406 II

tato 'pi kinnarīkanyāś catasro ratisaṃnibhāḥ I
nirgaccheyuḥ subhadrāṅgāḥ kalāvidyāvicakṣaṇāḥ II 407 II

---

[1] °ṣadhiḥ ABCDEG, mahoṣadhī F
[2] tataḥ F
[3] taṃ mss.
[4] gatābhī° ABCDEG
[5] sametevam ACDG, sametyevam BE
[6] tayādhu° A, tavādhu° BCDEFG
[7] atraṃtśvo A, atrātśvo BC, atrārśvo D, atraśyo E

tāḥ sarvā maṇḍitā ramyās[1] tvāṃ samīkṣya pramoditāḥ ı
vaśīkartuṃ samānamya[2] vadeyur[3] evam ādarāt ‖ 408 ‖

svāgataṃ bho mahāsattva samehi no 'bhinandaya ı
asmākam apatīnāṃ hi bhartā svāmī patir bhava ‖ 409 ‖

paśyemāni suramyāṇi gṛhāṇi mandirāṇi ca ı
saṃpaśyann eṣu sarveṣu saṃramasva[4] yathāsukham ‖ 410 ‖

vividhāni suvastrāṇi divyāni[5] śobhitāny api ı
bhūṣaṇāny api sarvāṇi santy etāni bhavantu te ‖ 411 ‖

sarvāṇy apy atra bhogyāni pānāni vividhāny api ı
sarasāni supathyāni santy etāni samāhara ‖ 412 ‖

dhātudravyāṇi sarvāṇi ratnāni sakalāny api ı
tavādhīnāni sarvāṇi paśyan gṛhāṇa sanmate ‖ 413 ‖

ārāmāṇy api vidyante sarvartupuṣpamaṇḍitaiḥ ı
sarvauṣadhīphalānamrair[6] drumaiḥ saṃśobhitāny api ‖ 414 ‖

puṣkariṇyo 'pi vidyante[7] śuddhaśītāmbupūrṇitāḥ ı
haṃsādipakṣibhiḥ pūrṇāḥ puṣpaiḥ padmotpalādibhiḥ[8] ‖ 415 ‖

tāsu snātvā yathākāmaṃ bhuktvā bhogyaṃ sapānakam ı
asmābhiḥ saha saṃrakto ramamāṇaḥ sukhaṃ cara ‖ 416 ‖[9]

evaṃ tāḥ kinnarīkāntāḥ sarvā api puraḥsthitāḥ ı
samīkṣya tvāṃ vaśīkṛtya praccheyū ramituṃ sadā ‖ 417 ‖

tadā tvaṃ tāsu sarvāsu mātṛsaṃjñāsamāhitaḥ ı
samupāsthāpya saṃpaśyan saddharmaṃ samupādiśa ‖ 418 ‖

---

[1] ramyā mss.
[2] samānasyaḥ A
[3] vandeyur ABCDEG
[4] saṃcarasva AC
[5] divyābhi F
[6] sarvoṣa° F
[7] c puṣkariṇyoḥmaiṃ vidyante F
[8] padmādibhiḥ F. But cf. vs. 457.
[9] 411–416 om. ABCDEG

tava dharmāmṛtaṃ pītvā sarvās tā abhibodhitāḥ I
śrīsaṃpradaṃ[1] mahāratnaṃ prayaccheyuḥ prasāditāḥ II 419 II

tan mahā(283a)ratnam ādāya samabhipṛccha tadguṇān I
tadguṇāṃs te samākhyāyuḥ sarvās tāḥ saṃpramoditāḥ II 420 II

yathā tābhiḥ samākhyātaṃ saṃśrutvā tvaṃ samāhitaḥ I
tathā kṛtvā jagat sarvaṃ sarvārthair abhinandaya II 421 II

tato vraja dvitīyaṃ ca kinnarīnagaraṃ tathā I
gatvā tannagaradvāre tridhākoṭyābhyupāśraya II 422 II

tato 'ṣṭau kinnarīkanyā nirgaccheyū ramopamāḥ I
pūrvātisundarāḥ kāntāḥ kalāvidyāvicakṣaṇāḥ II 423 II

tā api sakalā rāmās tvāṃ samīkṣyābhinanditāḥ I
vaśīkartuṃ prayatnena bodhayiṣyanti pūrvavat II 424 II

tāsv api jananīsaṃjñām upasthāpya samāhitaḥ I
saddharmaṃ[2] samupākhyāya sarvās tāḥ saṃprasādaya II 425 II

tava dharmāmṛtaṃ pītvā sarvās tāḥ saṃprasāditāḥ I
pūrvottaraṃ[3] mahāratnaṃ saṃpradāsyanti te dhruvam II 426 II

tat samīkṣya samādāya [tāḥ] paripṛcchata tadguṇān I
tadguṇāṃs tāḥ samākhyāya nandayiṣyanti te manaḥ II 427 II

yathā tābhiḥ samākhyātaṃ tathā kṛtvābhinandayan I
sarvān narān apīṣṭārthaiḥ saṃtoṣayan sukhaṃ cara II 428 II

tato gaccha tṛtīyaṃ ca kinnarīnagaraṃ tathā I
paśyan sametya taddvāraṃ tridhākoṭyābhyupāśraya II 429 II

tataś ca nirgatāḥ kāntāḥ[4] ṣoḍaśakinnarātmajāḥ I
divyarūpāḥ subhadrāṅgāḥ sarvakalāvicakṣaṇāḥ II 430 II

tāś ca sarvāḥ samīkṣya tvāṃ ratikrīḍānurāgitāḥ I
vaśīkartuṃ prayatnena nandayiṣyanti te manaḥ[5] II 431 II

---

[1] °saṃpadaṃ ABCDEG
[2] °rmma mss.
[3] pūrvottamaṃ mss.
[4] kanyāḥ F
[5] d °ṣyanti pūrvavat F

tāsv api bhaginīsaṃjñām upasthāpya samāhitaḥ ।
saddharmasamupākhyānais tāḥ sarvā abhibodhaya ॥ 432 ॥

tava dharmāmṛtaṃ pītvā sarvās tāḥ abhibodhitāḥ ।
mahāratnaṃ pradāsyanti bhadraṃ śrīsukhasaṃpradam ॥ 433 ॥

tat saṃpaśyan samādāya saṃpṛccha tadguṇāni tāḥ ।
tadguṇāni samākhyāya kuryus tās te 'bhibodhanam ॥ 434 ॥

tābhir yathā samākhyātaṃ tathā kṛtvā samāhitaḥ ।
vāñchitārthair narān sarvān saṃtoṣya prābhinandaya ॥ 435 ॥

tadā te vāñchitaṃ sarvaṃ saṃsetsyate prasādhitam ।
tataḥ śrīsarvasaṃpattisamāpanna(283b)ḥ sukhaṃ cara ॥ 436 ॥

tato gaccha caturthaṃ ca kinnaranagaraṃ tathā ।
gatvā samīkṣya taddvāraṃ tridhākoṭyābhyupāśraya ॥ 437 ॥

tato 'pi niścariṣyanti dvātriṃśat kinnarātmajāḥ ।
ratirūpā ramākārāḥ sarvakalāvicakṣaṇāḥ ॥ 438 ॥

tā api tvāṃ samīkṣantyaḥ sarvāḥ samanumoditāḥ ।
vaśīkṛtya samiccheyū ramituṃ sarvadā sukham ॥ 439 ॥

tāsv api tvaṃ sutāsaṃjñām upasthāpya samāhitaḥ ।
saddharmaṃ samupākhyāya sarvās tā abhibodhaya ॥ 440 ॥

tās te dharmāmṛtaṃ pītvā sarvāḥ samabhibodhitāḥ ।
pradāsyanti mahāratnaṃ bhadraṃ śrīsukhasaṃpradam ॥ 441 ॥

tat saṃpaśyan samādāya sarvāṃl lokān samicchitaiḥ[1] ।
sarvadravyaiḥ samāpannān kṛtvā samabhinandaya ॥ 442 ॥

etaddharmamahatkīrtiśrībhadrārthasamṛddhimān ।
sarvasattvahitaṃ kṛtvā saṃcarasva sadā sukham ॥ 443 ॥

sadā saṃsetsyate sarvaṃ samabhisādhitaṃ dhruvam ।
etatkarmavipākena bodhim api samāpnuyāḥ[2] ॥ 444 ॥

evaṃ sā devatā tasmai supriyāya yathākramam ।
saddharmasādhanaṃ dharmam ādiśyāntarhitābhavat ॥ 445 ॥

---

[1] samī° mss.
[2] °nuyāt mss.

etat sarvaṃ samākarṇya[1] supriyaḥ saṃpramoditaḥ I
pratibuddhaḥ samutthāya prātar evaṃ vyacintayat II 446 II

aho sā devatopetya svapne mām evam ādiśat I
etat satyaṃ bhaven nūnaṃ tad gatvāhaṃ vilokaye[2] II 447 II

iti saṃcintya dhīmān sa[3] suvarṇanagaraṃ gataḥ I
taddvāram upasaṃkramya[4] tridhākoṭyābhyupāśrayat[5] II 448 II

tato 'bhinirgatāḥ kanyāś catasraḥ kinnarātmajāḥ I
divyātisundarāḥ kāntāḥ kalāvidyāvicakṣaṇāḥ II 449 II

tāḥ sarvās taṃ mahāsattvaṃ samabhīkṣyābhinanditāḥ I
purataḥ samupāśritya paśyantya evam ūcire II 450 II

svāgataṃ te mahāsattva kac cit sarvatra kauśalam I
samehy atra pure 'smākam apatīnāṃ patir bhava II 451 II

imāni paśya ramyāṇi gṛhāṇi mandirāṇi[6] ca I
saṃpaśyann eṣu sarveṣu saṃramasva yathāsukham II 452 II

etāny api ca sarvāṇi samicchayā[7] samāhara I
surasapathyabhogyā(284a)ni pānāni vividhāni ca II 453 II

vividhāni suvastrāṇi divyāni śobhitāni ca I
bhūṣaṇāny[8] api[8] sarvāṇi santy[9] etāni[9] bhavantu te II 454 II

dhātudravyāṇi sarvāṇi ratnāni sakalāny api I
tavādhīnāni sarvāṇi paśyan gṛhāṇa sanmate II 455 II

udyānāny api vidyante sarvartupuṣpamaṇḍitaiḥ I
sarvauṣadhīphalānamrair drumaiḥ saṃśobhitāny[10] alam[10] II 456 II

---

[1] samākhyāya ABCDEG
[2] vilokayan ABC, °kayat DE, °yann G
[3] taṃ mss.
[4] c dvāramūlopasaṃkramya D
[5] °pāśracarat A, °pācarat C, °pāśracat G
[6] śobhitāni C, śobhanāni D
[7] samīcchayā mss.
[8] °ṇāni ca C
[9] samebhāni A, sametāni BCDEG
[10] °tāni ca C

puṣkariṇyo 'pi vidyante śuddhaśītāmbupūritāḥ ı
haṃsādipakṣibhiḥ pūrṇāḥ puṣpaiḥ padmotpalādibhiḥ ıı 457 ıı

tāsu snātvā yathākāmaṃ bhuktvā bhogyaṃ sapānakam ı
asmābhiḥ saha saṃrakto ramamāṇaḥ sukhaṃ cara ıı 458 ıı

evaṃ tāḥ kinnarīkanyāḥ sarvā api puraḥsthitāḥ ı
samīkṣya taṃ vaśīkartuṃ[1] prārthayan ramituṃ sadā ıı 459 ıı

evaṃ saṃprārthitaṃ tābhiḥ śrutvā sa supriyaḥ sudhīḥ ı
jananīr iva tāḥ sarvāḥ paśyaṃs tasthau samāhitaḥ ıı 460 ıı

atha tāḥ sakalāḥ kāntāḥ supriyaṃ taṃ mahāmatim ı
dhṛtvā prāveśayaṃs tatra sauvarṇanagare mudā ıı 461 ıı

praveśya tatra prāsāde samabhiropya śobhite ı
svāsane saṃpratiṣṭhāpya prekṣantya upatasthire ıı 462 ıı

tatra sa sudṛśā paśyan sarvās tāḥ samupasthitāḥ ı
daśa pāpān vinirgṛhya[2] kuśalān daśa prādiśat ıı 463 ıı

śārīraṃ trividhaṃ pāpaṃ vāṇībhavaṃ caturvidham ı
trayaṃ mānasikaṃ tadvad daśākuśalikaṃ[3] smṛtam ıı 464 ıı

sādattādānahiṃsā ca kāmamithyā śarīrajam ı
dīnasvalpāyuṣau vāmāhīnam ante ca durgatiḥ ıı 465 ıı

mṛṣāvādaś ca paiśunyaṃ raudraṃ[4] bhinnaṃ ca vācikam ı
kuṣṭhakāyaś ca mūrkhaś ca bhartsyamāno[5] janojjhitaḥ[6] ıı 466 ıı

abhidhyā ca paradrohaṃ mithyādṛṣṭiś ca mānasam ı
sarvāpriyatvadrohatvaṃ hīnāṅgaṃ[7] tatphalaṃ viduḥ ıı 467 ıı

---

[1] vaśīkṛtvā F
[2] vinigṛ° ABCDEG; vinirgṛhya here metri causa for vinigṛhya.
[3] °śalaka ACDG
[4] ? kṣaudraṃ ACDFG, ? kṣaudra BE
[5] bhratsyamānā mss.
[6] janodītaḥ A, janodmitaḥ BF, jasībhavet C, jaḍarīta D, ? janojjhitaḥ E, ? janoḍmītaḥ G
[7] bhinnāṃgaṃ C

tāni tyaktvā saṃcaradhvaṃ kuśalān daśa mātaraḥ ।
sukṛtāt paurvikād yūyaṃ saṃpannāḥ saguṇair[1] dhanaiḥ ॥ 468 ॥

kāmāśrayān bhave[2] kleśān samākhyāyābhibodhayan ।
sarvasattvahitādhānaṃ saddharmaṃ samupādiśat ॥ 469 ॥

tās taddharmāmṛtaṃ pītvā sarvāḥ samanubodhitāḥ ।
saṃtuṣṭās taṃ mahāsattvaṃ prekṣantya evam abruvan ॥ 470 ॥

dha(284b)nyo 'si tvaṃ mahāsattva yad yuvāpi sudhīrakaḥ ।
naiva kāmaguṇāraktaḥ saddharmaguṇalālasaḥ ॥ 471 ॥

evaṃ tāḥ sakalāḥ kanyāḥ samākhyāyābhinanditāḥ ।
saubhāsanaṃ mahāratnaṃ supriyāya dadur mudā ॥ 472 ॥

samīkṣya taṃ mahāratnaṃ supriyaḥ so 'bhinanditaḥ ।
samādāyābhipaśyaṃs tās tadguṇaṃ paryapṛcchata ॥ 473 ॥

bho bhaginyo 'sya ratnasya ko 'nubhāvaḥ pracakṣyatām ।
etadguṇānubhāvena kuryāṃ sarvārthasādhanam ॥ 474 ॥

evaṃ tadbhāṣitaṃ śrutvā sarvās tāḥ saṃprasāditāḥ[3] ।
tasmai tasya suratnasya prabhāvaṃ samupādiśan[4] ॥ 475 ॥

mahāsattvāsya ratnasya śrīprabhāvaṃ mahattaram ।
samabhivāñchitaṃ sarvaṃ saṃpūrayed ayaṃ yataḥ[5] ॥ 476 ॥

tat snātvā pañcadaśyāṃ[6] tvam upoṣadhavrataṃ caran[7] ।
idaṃ dhvajāgra āropya[8] prārthayasva samīhitam ॥ 477 ॥

tadā yojanasāhasraṃ[9] sāmantakaṃ nirantaram ।
yathābhivāñchitaṃ sarvaṃ dravyaṃ tathābhivarṣayet ॥ 478 ॥

---

[1] sadguṇair D
[2] °yāṃ bhavet AD, °yān bhavet BEF, °yā bhaven C
[3] °pramoditāḥ D
[4] °śat mss.
[5] d °pūraya pradāhita C for ? °pūraya prajāhite
[6] a tasmāt snātvā pañcadasyāṃ ABCEG, tasmāt snātvā pañcasyāṃ D
[7] b supoṣadhavrataṃ caret ABCDEG
[8] c idaṃ ratna dhvajāropya C
[9] yojanavistāraṃ ABCDEG, yojanasāhasraṃ with vistāra over the line above sāhasra F

īdṛg asyānubhāvaṃ hi matvā[1] dhṛtvā[1] samāhitaḥ I
samabhiprārthitair dravyaiḥ sarvān samabhitoṣaya II 479 II

dattvā dānaṃ sadārthibhyo bhuktvā bhogyaṃ yathepsitam I
svayaṃ caran sadā bhadre[2] lokān api pracāraya II 480 II

evaṃ tadbhāṣitaṃ śrutvā tatheti so 'numoditaḥ I
tadanujñāṃ samāsādya tato 'carad vilokayan II 481 II

tataḥ sa pracarann ārād rūpyamayaṃ mahattaram I
kinnaranagaraṃ[3] tac[4] ca saṃpaśyan samupāsarat[5] II 482 II

tad dṛṣṭvānanditātmā[6] sa saṃpaśyan samupācarat[7] I
pretya tannagaradvāraṃ[8] tridhākoṭyābhyatiṣṭhata II 483 II

tadāṣṭau kinnarīkanyā ratirūpātisundarāḥ[9] I
niryayuḥ śrīsubhadrāṅgāḥ[10] sarvakalāvicakṣaṇāḥ II 484 II

sarvās tās taṃ samālokya samabhinanditāśayāḥ I
saṃmukhaṃ samupasthitvā paśyantya evam abruvan II 485 II

svāgataṃ bho mahāsattva kac cit te kauśalaṃ tanau I
samehīdaṃ manoramyaṃ paśya rūpyamayaṃ puram II 486 II

ity uktvā taṃ pure nītvā prāsāde tāḥ samādarāt I
svāsane saṃpratiṣṭhāpya paśyantya evam abruvan II 487 II

asmākam apa(285a)tīnāṃ hi bhartā svāmī patir bhava I
praviśyātra samīkṣasva sarvatra saṃcaran kramāt II 488 II

---

[1] mahān dhṛtvā D
[2] bhadraṃ CD
[3] kainnaryaṃ na° AEG, kainaryana° B, kinnaryānagaraṃ C, kaiṃdaryyaṃna° D
[4] taṃ mss.
[5] °pācarat ABCDEG
[6] a tad dṛṣṭvā° ABG, dṛṣṭvābhina° F
[7] °pāsat F
[8] c tatra taṃ naga° C
[9] °rūpābhisu° ABCDEG
[10] °bhadrāṃśāḥ CF

prāsādāny atra vidyante ramyāṇi mandirāṇi ca I
eṣv asmābhiḥ sahāraktaḥ[1] saṃramasva[2] sadā sukham II 489 II

ārāmāṇi ca santy atra sarvartupuṣpitair drumaiḥ I
supathyaphalavṛkṣaiś ca saṃśobhitāni sarvadā II 490 II

puṣkariṇyo 'pi santy atra śuddhaśītāmbupūritāḥ I
sarvair jalaruhaiḥ puṣpaiḥ saṃśobhitāś ca pakṣibhiḥ II 491 II

sarvāṇi santi bhogyāni pānāni vividhāny api I
bhuktvaitāni yathākāmaṃ saṃcarasva sukhaṃ[3] mudā[3] II 492 II

dravyāṇi santi sarvāṇi ratnāni sakalāny api I
etāny api samālokya samādatsva yathecchayā II 493 II

vastrāṇi santi sarvāṇi suraṅgarañjitāny api I
etāny api samādāya prāvṛtya taiḥ sukhaṃ cara II 494 II

bhūṣaṇāny api santy atra hemaratnamayāni ca I
sarvāṇy etair alaṃkṛtvā sarvāṅgaṃ[4] śobhayaṃś cara II 495 II

aṣṭāṅgaguṇasaṃpannajalapūrṇāḥ sarovarāḥ I
santy eteṣu sadā snātvā śuddhaśīlāḥ śubhāmbarāḥ II 496 II[5]

kuleśvaraṃ samabhyarcya satyadharmaṃ samarjayan I[6]
asmābhiḥ saha saṃrakto bhuktvā bhogyaṃ yathepsitam II 497 II

ramamāṇo divānaktaṃ bhuktvānandaṃ sukhaṃ vasa I
evaṃ bhuktvā mahāsaukhyaṃ prānte yāyāḥ surālayam II 498 II

evaṃ tābhiḥ samākhyātaṃ śrutvā sa supriyaḥ sudhīḥ I
jananīr iva tāḥ sarvāḥ saṃpaśyann evam abravīt II 499 II

mātaro[7] 'haṃ[7] na kāmārthī na ca bhogyātilālasaḥ I
api tu sarvalokārthaṃ ratnārthīha samāvraje[8] II 500 II

---

[1] °raktāḥ ABCDEG
[2] suramasva mss.
[3] sadā mudā A, sukhaṃ pradā BE, sukhaṃ sadā F, sadā pradā G
[4] sarvāgaiḥ A, sarvāgaḥ BDEG, sarvāṅgaiḥ C
[5] 496 om. ABCDEG
[6] ab om. ABCDEG
[7] ihitaro AC, duhitaro BEG, duhataro D, mātarāhaṃ F
[8] °vrajet ACDG

evaṃ sa sanmatiḥ proktvā sarvās tāḥ kinnarīr api ı
nivārya daśapāpebhyaḥ saddharmaṃ samupādiśat ॥ 501 ॥

tat saddharmāmṛtaṃ pītvā sarvās tāḥ pramadā api ı
samanubodhitāḥ satyam iti matvā nanandire[1] ॥ 502 ॥

taddharmābhipramodinyaḥ[2] sarvās tās taṃ mahāmatim ı
bahubhiḥ śrīmahāratnaiḥ saṃpravāryābhyanandayan ॥ 503 ॥

tāni sarvāṇi ratnāni samādāya samīkṣya saḥ ı
ādimadhyāntakalyāṇaṃ[3] tābhyaś ca dharmam ādiśat ॥ 504 ॥[4]

---

[1] vavandire D

[2] °prabodhinyaḥ D

[3] So in F with dānamāhātmyam atulam written below. dānaṃ māhātmyam atulaṃ ABCDEG

[4] ABCDEG have the following additional verses:

nidhānam anaghaṃ dānaṃ caurādibhir agocaram ı
bhavādhvaśramanāśāya vāhanaṃ sukham uttamam ॥ i ॥

muktāvalībhūṣitāṅgāḥ kauśeyaprāvṛ(285b)tāḥ sadā ı
yad udvahanti tāṃ lakṣmīṃ tad api dānalakṣaṇam ॥ ii ॥

āyuḥ sudīrghakaṃ śubh[r]aṃ janma kāntaṃ vapurguṇam ı
ārogyaṃ nirbhayaṃ dravyaṃ tat sarvaṃ dānavṛkṣataḥ ॥ iii ॥

yac [ca] cakravartī bubhuje dharitrīṃ saptabhir yutaḥ ı
samudrasīmāṃ niṣkaṇṭāṃ tad api bhūmidānataḥ ॥ iv ॥

ratnasya dānāt taiḥ pūrṇaṃ dravyasya kāñcanais tathā ı
vāsobhir vā samas tadvad yad dattaṃ tad vivardhitam ॥ v ॥

tasyānubhāvato yūyaṃ ratnadvīpasamudbhavāḥ ı
satataṃ ditsavo bhavyā dīnaduḥkhavivarjitāḥ ॥ vi ॥

yasya prabhāvād atulaṃ saukhyaṃ vardhaya tat punaḥ ı
saṃvardhyamāne tasmin tu so 'pi vo vardhayiṣyati ॥ vii ॥

pradattvaitaṃ pālayadhvaṃ lokān dīnān sucetasā ı
.... ॥ viii ॥

munīndravacanaṃ smṛtvā prāgato 'smi sudūrataḥ ı
ratnārthī dīnam uddhartuṃ niḥsahāyas tvadāśayā ॥ ix ॥

tac ca dharmaṃ samākarṇya sarvās tāḥ saṃprasāditāḥ I
prabhāsvaraṃ mahāratnaṃ dadus tasmai subhāṣiṇe II 505 II

tad ratnaṃ sa samādāya saṃpaśyann abhinanditaḥ I
duhitṝr iva tāḥ sarvāḥ papracchaivaṃ ca tadguṇān II 506 II

duhitaro 'sya ratnasya kiṃ prabhāvaṃ guṇaṃ ca kim I
etat satyaṃ samākhyāya prabodhayata me manaḥ II 507 II

evaṃ tatprārthitaṃ[1] śrutvā sarvās tāḥ saṃprasāditāḥ I
supriyaṃ taṃ mahāvijñaṃ samīkṣyaivam upādiśan[2] II 508 II

---

iti tasya vacaḥ śrutvā taṃ stutvā saṃprasāditāḥ I
bhāsamānābhidhaṃ ratnam adeyam api saṃdaduḥ II x II

gṛhāṇedaṃ mahābhāga jambudvīpe sudurlabham I
tvayādiṣṭaṃ samākarṇya saṃtuṣṭā dānakāmukāḥ II xi II

yadā yojanacāturthaṃ pravarṣayed abhīpsitam I
vāso 'nnadravyaratnaṃ ca rākāyāṃ dhvajaṃ āśrayan II xii II

ity uktvā pradadau tasmai svacchaṃ nirmalamānasāḥ I
tad gṛhītvāśiṣām ādye punaḥ prāha pramoditaḥ II xiii II

vilasantu caturvargās tatpradānād dayātmikāḥ I
.... II xiv II

punar api**

i.a) anaga AC, araṃga B, anaṃga DE, anaṃgaṃ G **iii.a)** °dīrghaṃ sule A, °dīrghasukule BDEG, śubhra C **iv.c)** samudramimāṃ D **v.a)** pūrṇṇa mss. **v.c)** sasas BDEG **v.d)** yad vṛttaṃ C **viii.a)** °dattvetthaṃ ADEG, pracatvettha B, pradatvaitthaṃ C **ix.a)** maunī° mss. **ix.d)** tvadāsadāḥ A, ? tvadīśayā B, tvadāsadā C, tvayāsadā D, tvadīśaya E, tvadāsayā G **xi.d)** dānaṃ utsahe C, dānamukpṛghaḥ D **xii.d)** āśrayat mss. **xiii.c)** ādya mss. ** om. ACDG

* * * * *

[1] etatprā° A, etat saṃprā° CD
[2] °diśat ABCDEG

pañcadaśyāṃ śiraḥ snātvā śuddhaśīla upoṣitaḥ I
dhvajāgra idam āropya saṃprārthaya samīhitam II 509 II

tadaitac chrīmahāratnaṃ dviyo(286a)janasahasrake[1] I
yathābhiprārthitaṃ sarvais tathā sarvaṃ pravarṣayet II 510 II

etad asyānubhāvaṃ tvaṃ matvā tathā samādarāt I
sarveṣām api lokānām vāñchitārthābhipūrayan II 511 II

dattvā dānaṃ sadārthibhyo bhuktvā bhogyaṃ yathepsitam I
saddharmasādhanaṃ kṛtvā saṃcarasva sadā sukham II 512 II

etatpuṇyavipākena yaśaḥśrīsatsukharddhimān I
sadā bhadrasukhaṃ bhuktvā prānte yāyāḥ surālayam II 513 II

evaṃ tābhiḥ samākhyātaṃ śrutvā sa supriyo mudā I
tadanujñāṃ samāsādya tato 'bhinandito 'carat II 514 II

tataś caran dadarśārād vaiḍūryanagaraṃ punaḥ I
tad dṛṣṭvā vismayāpannaś[2] cāntaraṃ samupāsarat[3] II 515 II

tatra sa samupākrāntaḥ samālokya samantataḥ I
tathā tannagaradvāraṃ[4] tridhākoṭyābhyupāśrayat II 516 II

tato 'bhinirgatāḥ kanyāḥ ṣoḍaśakinnarātmajāḥ I
pūrvātisundarāḥ kāntāḥ sarvakalāvicakṣaṇāḥ II 517 II

ratisaṃnibhasadrūpāḥ sarvalokamanoharāḥ I
tāḥ sarvās taṃ mahāsattvaṃ samīkṣya samupāsaran II 518 II

tatra taṃ samupāsṛtya sarvās tāḥ saṃprasāditāḥ I
samīkṣantyaḥ prasannāsyāḥ pura<ḥ>sthā evam abruvan II 519 II

ehy atra svāgataṃ sādho[5] kac cit te kauśalaṃ tanau I
asmākam apatīnāṃ hi svāmī bhartā patir bhava II 520 II

---

[1] caturṣu yo(286a)janeṣv api ABCDEG; dvisāhasrayojane with caturṣu yojaneṣv api above line F, cf. vs. 683.

[2] °vāpannaṃs ABEG, °yāyatraṃs C, °yāyatras D, °yāpanna F

[3] d vāntorapumupākṣarat A, vāntoraṃ samu° BEF, vārttārapumupākṣarat C, vārttāraṃpumupākṣarat D, vāntorabhūpumupā° G

[4] taṃ kinnarīdvāraṃ C

[5] a svāgatam ehi sādhotra F

vidyante 'tra manoramyāḥ prāsādā mandirāṇi ca ।
imāni paśya sarvāṇi saṃcaran sarvataḥ kramāt ॥ 521 ॥

bhogyāni santi sarvatra pānāni vividhāny api[1] ।
cīrapaṭṭāṃśukādīni vicitrāṇy ambarāṇi ca[2] ॥ 522 ॥

bhūṣaṇāny[8] api[3] sarvāṇi hemaratnamayāni ca ।
sarve ca dhātavaḥ santi dravyāṇi sakalāny api ॥ 523 ॥

udyānāny api[4] santy atra drumaiḥ sarvartupuṣpitaiḥ[5] ।
sarvauṣadhiphalānamraiḥ saṃśobhitāni sarvadā ॥ 524 ॥

puṣkariṇyo 'pi santy atra śuddhaśītāmbupūritāḥ[6] ।
padmotpalādipuṣpāḍhyāḥ śobhitāś cāmbupakṣibhiḥ[7] ॥ 525 ॥

snātvaitāsu sahāsmābhiḥ śuddhavastrāvṛtāḥ sadā ।
bhogyaṃ bhuktvā yathākāmaṃ saṃcarasva raman mudā ॥ 526 ॥

evam ākhyāya tāḥ (286b) sarvā nītvā taṃ nagare tataḥ ।
prāsāde svāsane śuddhe saṃsthāpya samupāsaran ॥ 527 ॥

tāḥ sarvāḥ samupāsīnā mātṝr iva samīkṣya saḥ ।
supriyaḥ suprasannāsyaḥ saṃpaśyann evam abravīt ॥ 528 ॥

mātaro 'haṃ na kāmārthī na bhogyārtham ihāvraje ।
sarvalokahitārthena dharmārtham aham ācare ॥ 529 ॥

kāmā mohāśrayā duṣṭā<ḥ> kleśamūlāśubhāntakāḥ[8] ।
tasmāt pāpapathaṃ tyaktvā caritavyaṃ śubhāyane ॥ 530 ॥

pāpena durgatau jātāḥ sadā duḥkhānubhoginaḥ ।
śubhena sadgatau jātāḥ sadā saukhyānubhoginaḥ ॥ 531 ॥

evaṃ satyaṃ parijñāya vihāya daśapātakān[9] ।
satyadharmānusaṃraktāḥ saṃcarante śubhārthinaḥ ॥ 532 ॥

---

1 °dhāni ca C
2 °rāṇy api F
3 °ṣaṇāni ca C
4 udyānāny api om. ACDG
5 °pitaiḥrapi AC, °pitair api D, °pitair apiḥ G
6 °pūrṇitāḥ F
7 cānyapa° C
8 °mūlāḥśubhā° mss.
9 °pāpakān AG

evaṃ yūyam api jñātvā viramya pāpamārgataḥ I
saddharmasādhanaṃ puṇyaṃ saṃsādhayitum arhatha[1] II 533 II

etatpuṇyavipākena saṃjātāḥ sadgatau sadā I
bhuñjamānā mahāsaukhyaṃ prānte svargaṃ prayāsyatha II 534 II

tatra divyāmṛtaṃ bhuktvā ramamāṇāḥ suraiḥ saha I
mahānandasukhenaiva[2] saṃcariṣyatha sarvadā II 535 II

evaṃ tatsamupādiṣṭaṃ śrutvā tāḥ saṃprabodhitāḥ I
tasmai bhogyāni ratnāni samupāhṛtya prārpayan II 536 II

tāni bhogyāni bhuktvā sa samabhinanditāśayaḥ I
sarvāṇi tāni ratnāni paśyan mudā samādadau II 537 II

tataḥ sa supriyo dhīmāṃs tābhyaś ca saṃprasāditaḥ I
ādimadhyāntakalyāṇaṃ saddharmaṃ samupādiśat[3] II 538 II

tat saddharmāmrtaṃ pītvā[4] tāḥ sarvā abhinanditāḥ I
tasmai saubhāsanaṃ ratnaṃ[5] prottamaṃ prādadur mudā II 539 II

tad ratnaṃ sa samālokya[6] supriyo vismayānvitaḥ I
samādāya guṇaṃ tasya maṇes tāḥ paryapṛcchata II 540 II

mātaraḥ ko 'nubhāvo 'sya ratnasya śrīprabhāsvataḥ[7] I
tat samyak samupādiśya māṃ bodhayitum arhatha II 541 II

evaṃ tatprārthitaṃ śrutvā sarvās tāḥ saṃprasāditāḥ I
supriyaṃ taṃ mahāvijñaṃ[8] paśyantya evam abruvan II 542 II

idaṃ ratnaṃ mahābhāga pañcadaśyām upoṣitaḥ[9] I
dhvajopari samāropya prārthayābhyarcya vāñchitam II 543 II

---

1 arhati ABCDEG
2 °naivaṃ F
3 samādiśat F
4 śrutvā ACDG
5 prābhāsvarābhidhaṃ ratnam ACDEG
6 samādāya ACDEG
7 °bhāsvaraḥ ACDG, °bhāsyataḥ BE
8 mahābhi° G
9 b aṣṭamyāṃ samupo° ABCDEG

tadedaṃ hi trisāhasra[1](287a)yojaneṣu samantataḥ I
yathābhivāñchitaṃ dravyaṃ tathā sarvaṃ pravarṣayet II 544 II

etat satyaṃ parijñāya kṛtvaivaṃ tvaṃ samāhitaḥ I
sarvasampatsamāpannān kuruṣva sarvamānavān II 545 II

etaddharmānubhāvena pariśuddhendriyaḥ kṛtī I
yaśaḥśrīśubhasaṃpattisamṛddhimān sukhī bhaveḥ[2] II 546 II

tathārthibhyaḥ sadā dānaṃ kṛtvā bhuktvā yathepsitam I
saṃcarasva śubhe nūnaṃ prānte yāyāḥ surālayam II 547 II

evaṃ tābhiḥ samākhyātaṃ niśamya so 'numoditaḥ I
tadanujñāṃ samāsādya tato 'bhinandito 'carat[3] II 548 II

tato dūrād apaśyat sa caturthaṃ[4] kinnarīpuram I
catūratnamayaṃ[5] kāntaṃ ramaṇīyaṃ samuttamam II 549 II

tad[6] dṛṣṭvā vismayāpannaḥ[7] svantaro[8]587 'bhimukhaṃ gataḥ I
samupāsṛtya taddvāre tridhākoṭyābhyatiṣṭhata II 550 II

tadā tannirgatāḥ kanyā dvātriṃśat kinnarātmajāḥ I
divyātisundarāḥ kāntāḥ sarvakalāvicakṣaṇāḥ II 551 II

tatra tās taṃ mahāsattvaṃ samīkṣya cābhinanditāḥ[9] I
sarvāḥ samabhipaśyantyaḥ puraḥsthitvaivam abruvan II 552 II

svāgataṃ bho mahāsattva kac cit te kauśalaṃ tanau I
asmākam apatīnāṃ hi svāmī bhartā patir bhava II 553 II[10]

ehi paśyātra vidyante prāsādā mandirāṇy api I
manoramāṇi sarvāṇi catūratnamayāny api II 554 II

---

[1] a tadedaṃ tvādaśatamaḥ ACDEG, tadetaṃ dvādaśatamaḥ B, dvādaśatama written above trisāhasra in F
[2] bhave A, bhavaiḥ BE, bhavet C, bhava D
[3] d tato carat A, tato carad upāśṛtaḥ C, tato caran vilokayat D
[4] caturtha ABCDEG, sa tṛtīyaṃ with caturtha written above F
[5] catura° mss.
[6] taṃ mss.
[7] °panna mss.
[8] svāṃto ABF, svānto 'sanmukhe C, svānto DG, svānto with gra above E
[9] sabhina° A, samabhina° BCDEFG
[10] cd om. mss. But cf. vss. 451, 488, 520.

udyānāny api santy atra sarvartupuṣpitair drumaiḥ ।
auṣadhīphalitair namraiḥ saṃśobhitāni sarvadā ॥ 555 ॥

puṣkariṇyo 'pi santy atra puṣpaiḥ padmotpalādibhiḥ ।
haṃsādipakṣibhiḥ pūrṇāḥ śuddhaśītāmalāmbubhiḥ ॥ 556 ॥

dhātudravyāṇi sarvāṇi ratnāni sakalāny api ।
vastrāṇy api ca sarvāṇi santy atra vividhāny api ॥ 557 ॥

bhogyāni santi sarvāṇi divyāmṛtarasāny api ।
vividhāni ca pānāni supathyasurasāny api ॥ 558 ॥

bhūṣaṇāny api santy atra svarṇaratnamayāni ca ।
etāny api hi sarvāṇi svādhīnāni bhavanti te ॥ 559 ॥

śuddhāmbubhiḥ sadā snātvā vicitravāsasāvṛtaḥ ।
sarvāṅgaṃ samalaṃkṛtya suvarṇaratnabhūṣaṇaiḥ ॥ 560 ॥

bhuktvā bhogyāni pītvā ca pānāni (287b) surasāni ca ।
dattvā dānaṃ sadārthibhyaḥ prāsādamandirāśritaḥ ॥ 561 ॥

udyāneṣu sadāsmābhī ramamāṇo yathākramam ।
saṃpaśyan[1] sarvato raktaḥ saṃcarasva sadā sukham ॥ 562 ॥

evaṃ tābhiḥ samākhyātaṃ niśamya sa samāhitaḥ ।
duhitṝr iva tāḥ sarvāḥ saṃpaśyan samupāśrayat[2] ॥ 563 ॥

tatas tās taṃ pure nītvā prāsāde parimaṇḍite ।
śuddhāsane samāropya saṃpaśyantya upāśrayan ॥ 564 ॥[3]

[4]tāḥ sarvāḥ samupāsīnāḥ samīkṣya sa mahāmatiḥ ।
suprasannamukhāmbhojaḥ saṃpaśyann evam abravīt ॥ 565 ॥

duhitara ihāyāmi naiva bhoktuṃ sukhāny aham ।
api tu sarvalokārthe ratnāni prāptum āsare ॥ 566 ॥

---

[1] After saṃpaśyan BE add: sarvvalokārthe ratnāni prāptum āsare kāmā hi, in anticipation of 566cd and 567a.

[2] om. ABCDE, °śrayata F

[3] 564 om. ABCDE

[4] abc om. ABCDE

kāmā hi sarvaduḥkhānāṃ kleśānāṃ ca sadāśrayāḥ ।
iti kāmaṃ parityajya santaś caranti sadvṛṣe[1] ॥ 567 ॥

ratnaṃ surūpavīryaṃ ca tyaktvā mṛtyuvaśā janāḥ ।
paralokaṃ karmavāyusamīritā vrajanti te[2] ॥ 568 ॥

tatra puṇyasahāyaś cet sukule jananaṃ sukham ।
pāpaś ced durgatau duḥkhaṃ tat sahāyaṃ vṛṣaṃ kuru ॥ 569 ॥

tad ekam anugaṃ mitraṃ hitakaraṃ[3] sadākṣayam ।
dhanānām pravaraṃ dravyam ahāryatvāc chubhaṃ paraiḥ ॥ 570 ॥

sumerum api tarasā[4] vikṣipanti diśo daśa[5] ।
saṃvartavāyavas te 'pi puṇyabhaṅgāya na tv alam ॥ 571 ॥

na kledam āyāti puṇyaṃ[6] caturambudhivāriṇā ।
saṃvartodakakoṣṇena pāṣāṇam api klidyate[7] ॥ 572 ॥

dvādaśārkānalair dīptais tat puṇyaṃ naiva dahyate ।
dandahyate kṣitir iyaṃ pralayānalamiśritaiḥ ॥ 573 ॥

etat satyaṃ parijñāya kāmabhogyasukhāny api ।
tyaktvā dharme samādhāya yūyaṃ[8] caritum arhatha ॥ 574 ॥

pāpena durgatau jātāḥ sadā caranti duḥkhitāḥ ।
dharmeṇa sadgatau jātā bhavanti sukhinaḥ sadā ॥ 575 ॥

evaṃ matvā samādhāya viramya pāpamārgataḥ ।
saddharmasādhanāraktāḥ saṃcaradhvaṃ sadā śubhe ॥ 576 ॥

etatpuṇyavipākena saṃyāsyatha surālayam ।
tatra divyāmṛtaṃ bhuktvā saṃcaradhvaṃ suraiḥ saha ॥ 577 ॥

evaṃ tatsamupādiṣṭaṃ śrutvā tāḥ pramadā api ।
sarvāḥ samanumoditvā prābhyanandan prabodhitāḥ ॥ 578 ॥

---

[1] caranti sadā vrataṃ C
[2] ke ACDG
[3] hitaṃkaraṃ ABCEFG
[4] paramā D
[5] daśaḥ ACDEG, daśaṃḥ B
[6] a kleśam āyādīti A, kleśayādīti C, kleśam āyāti D, kleśam ādīti G
[7] kledyate ABCDEG
[8] om. A, yuṣmān BEG, yuṣmā° C, yuṣmākaṃ D

tatas tās sakalās tasmai supriyāya prasāditāh ।
bahūni śuddharatnāni pradattvā samupāśrayan ॥ 579 ॥

samīkṣya tāni sarvāṇi samādāya sa sanmatiḥ ।
bhūyas tābhyaḥ sadā bhadraṃ saddharmaṃ samupādiśat ॥ 580 ॥

prāptuṃ sthiraṃ[1] puṇyaratnaṃ prayatadhvaṃ[2] tataḥ sadā ।
kiṃ pravakṣyāmi vijñāsu puṇyāsu puṇyabhūmiṣu ॥ 581 ॥[3]

kiṃ tv atratyā janāḥ (288a) sarve dhanāḍhyāḥ kṛtakauśalāḥ ।
tad durlabhaṃ[4] dānakarma svayaṃ datta sucetasā ॥ 582 ॥[5]

mā bhavatoddhatā yūyaṃ saubhāgyakṛtakauśalāḥ[6] ।
catūratnapure[7] jātā iti rāgavimohitāḥ ॥ 583 ॥[8]

yena saṃvardhitāḥ sarvā bhajatainaṃ kṛtajñataḥ[9] ।
bhūyas tadbhajanān mokṣaṃ yāsyanti nirvikalpataḥ ॥ 584 ॥[10]

jagaddhiteṣu kāryeṣu prayatadhvaṃ divāniśam ।
tat kāme mā ratiḥ kāryā kṣuradhārāmṛtyūpame[11] ॥ 585 ॥[12]

tad vijñāya samuddhartuṃ dīnān kāmān vihāya tān[13] ।[14]
niṣkāmarāgo[15] ratnārthaṃ prāgato 'smi nirāturaḥ ॥ 586 ॥

tat saddharmāmṛtaṃ pītvā sarvās tā abhinanditāḥ ।
śrīsaubhāsanikaṃ[16] ratnaṃ[17] dadus tasmai hitārthine ॥ 587 ॥

---

[1] sthairyyam ACDE, sthairya BG
[2] °dhvaṃdaka mss.
[3] 581 om. F
[4] dullabhaṃ ACDG
[5] cd om. BE; abcd om. F
[6] sabhāgyā° ACDG
[7] catu° ACDG
[8] 583 om. BEF
[9] °tāḥ ACDG
[10] ab om. BE; abcd om. F
[11] °dhārā'mṛto° mss.
[12] 585 om. F
[13] rāmāṃ vihāya tāṃ mss.
[14] ab om. F
[15] niḥkā° mss.
[16] °rājapyaṃ A, °rājāsyaṃ BCDE, C, °rājāspaṣya G; śrisaubhāsanikaṃ F with rājākhyaṃ mahā above. – For footnote 17 see next page.

samīkṣya taṃ mahāratnaṃ supriyaḥ so 'tivismitaḥ I
samādāya prasannāsyaḥ[1] paśyaṃs tā evam abravīt II 588 II

duhitaro maṇer asya ko 'nubhāvo mahān api I
tat satyaṃ samupādiśya prabodhayata me manaḥ II 589 II

evaṃ tatprārthitaṃ śrutvā sarvās tāḥ saṃpramoditāḥ I
samīkṣya taṃ mahāsattvaṃ[2] tanmaṇer guṇam ādiśan II 590 II

mahāsattva maṇer[3] asya prabhāvaṃ śṛṇu kathyate I
yathāsmābhis[4] tathā kṛtvā sarvān samabhinandaya II 591 II

prātaḥ snātvā viśuddhātmā[5] mahāṣṭamyām upoṣitaḥ[6] I
dhvajāgra idam āropya prārthayasvābhivāñchitam[7] II 592 II

tadedaṃ śrīmahāratnaṃ jambudvīpasamantataḥ[8] I
sarvāṇi prārthitārthāni prāvarṣayen[9] nirantaram II 593 II

evaṃ tvaṃ sarvalokānāṃ vāñchitāny abhipūrayan I
dharmakīrtimahāsaukhyasamṛddhimān bhaver api II 594 II

[10]yāvajjīvaṃ sukhaṃ bhuktvā prānte yāyāḥ surālayam I
tatra divyāmṛtaṃ bhuktvā saṃcarer amaraiḥ saha II 595 II

---

[1] °sannāsyan A, °sannāsyas BEF, °sannāsya CD, °sannāsyam G
[2] BG repeat 588b-590c. E also repeats but with marks to indicate that repetition is to be deleted.
[3] guṇer ABCDEG
[4] yathā'smās ACD, yathā'smāns BEG
[5] bhiśu° mss. But cf. vs. 692.
[6] pañcadaśyām upo° F
[7] °svābhyavāñchi° mss.
[8] śatayojanavistare ABCDEG, jambudvīpasamantataḥ with śatayojanavistare above F
[9] varṣayanti C, prāvarṣaya D
[10] F has the following addition here:

> tato dattvā sadārthibhyaḥ sarvaṃ samabhiprārthitam I
> bhogyaṃ bhuktvā yathākāmaṃ saṃcarasva sadā śubhe II
>
> etatpuṇyavipākena pariśuddhendriyaḥ kṛtī I
> sarvalokādhipo nātho hitārthabhṛd bhaved api II

ity uktvā tāḥ prasannāsyāḥ sarvās taṃ supriyaṃ mudā |
samīkṣantyaḥ samāmantrya punar evaṃ babhāṣire || 596 ||

nistīrṇās te mahāsattva nadīsamudraparvatāḥ |
kāntārā api durgamyāḥ sarvaduṣṭabhayāśrayāḥ || 597 ||

saṃpūritā pratijñā te saphalībhūta udyamaḥ |
sarve saṃsādhitāḥ siddhā gopitānīndriyāṇy api || 598 ||

badaradvīpayātrāpi saṃsādhitābhisidhyate |
adhigatāni ra(288b)tnāni tvayā dharmānubhāvataḥ || 599 ||

dhanyo 'si tvaṃ mahābhāga sarvalokahitodyataḥ |
bhūyāt tat[1] sarvato bhadraṃ saṃpaśyan svapuraṃ vraja || 600 ||

śṛṇu sādho mahāsattva svapuragamanāya te |
sanmārgaṃ vyupadekṣyāmo nirbhayaṃ nirupadravam || 601 ||

itaḥ paścimadigbhāge sapta vilaṅghya parvatān |
parvato 'sti mahān anyo durgamyo samucchritaḥ[2] || 602 ||

tatrāsti rākṣaso raudro lohitākṣo 'tinirdayaḥ |
so 'ndhakāraṃ mahāvāyuṃ savisphuliṅgam utsṛjet || 603 ||

mahāratnam idaṃ tatra samāropya dhvajopari |
saṃpradhṛtvā samādhāya saṃcarasvābhilokayan || 604 ||

etadratnaprabhāvād dhi sarve 'pi vighnakārakāḥ |
upasargā vinaśyanti tadā te na bhayaṃ kva cit || 605 ||

tatparvatam atikramya vidyate 'nyaś ca parvataḥ |
tatrāsty agnimukho nāgo raudro 'tinirdayo mahān || 606 ||

sa tava gandham āghrāya sapta rātridināny api |
aśaniṃ pātayet tatra ratnaguhāṃ samāśraya[3] || 607 ||

saptarātridinānte sa nidrāhataḥ svapiṣyati |
tadā tacchailam āruhya saṃkramasva samāhitaḥ || 608 ||

---

[1] taṃ mss.
[2] Metre!
[3] °śrayat AG, °śrayet C, °śrayan D

tatra paśyeḥ[1] same bhūmipradeśe taṇḍulaṃ[2] phalam[2] I
sugandhikam akṛṣṭoptasaṃbhavam akaṇaṃ śuci II 609 II

tat prabhuktvā valāho[3] 'śvarājaḥ śuklo mahātanuḥ I
aṣṭamyāṃ pañcadaśyāṃ ca sametyaivaṃ vadet puraḥ II 610 II

<yaḥ> kaḥ pāram ito gantuṃ svapuram abhivāñchati I
sa me pṛṣṭhaṃ samāruhya saṃtiṣṭhasva samāhitaḥ II 611 II

tam ito 'haṃ kṣaṇān nītvā svadeśaṃ prerayeya hi I
iti vadan valāho 'śvarājaḥ[4] sa samupāsaret II 612 II

taṃ samīkṣya mahāsattvaṃ aśvarājaṃ puro gataḥ I
saṃpaśyan pāduke natvā vadasvaivaṃ kṛtāñjaliḥ II 613 II

ito 'haṃ gantum icchāmi svadeśaṃ satkṛpānidhe I
tad bhavān mām ito nītvā svadeśaṃ preraya tvam[5] II 614 II

tvayaivaṃ prārthyamānaḥ sa mahāsattvaḥ kṛpāmatiḥ I
tvāṃ svapṛṣṭhe samāropya[6] svadeśaṃ prāpayed dhruvam II 615 II

evaṃ tābhiḥ samākhyātaṃ śrutvā sa supriyaḥ sudhīḥ I
(289a) tatheti saṃprasannātmā gantum aicchat prabodhitaḥ II 616 II

tataḥ sa suprasannātmā[7] tāḥ sarvāḥ kanyakā api I
saṃpaśyan mātṛvad bhūyaḥ saddharmaṃ samupādiśat II 617 II

tat saddharmāmṛtaṃ pītvā sarvās tāḥ saṃprasāditāḥ I
suprasannamukhāmbhojāḥ prābhyanandan prabodhitāḥ II 618 II

tataḥ sa supriyo dhīmān mahāsattvo 'bhinanditaḥ I
tadanujñāṃ samāsādya saṃprasthito mudācarat II 619 II

tataḥ sa saṃkramaṃs tatra mārge paśyan samāhitaḥ I
sapta nagān atikramya mahoccanagam āruhat II 620 II

---

1 °yes mss.
2 ? taddulabhaṃ phalaṃ G
3 sukeśo ABCDEG, valāho corrected to sukeśo F
4 valāho° with sukeśo written above F, sukeśo ABCDEG
5 Metre!
6 āropya F
7 °sannāsyas F

taṃ vīkṣya samupāyātaṃ lohitākṣo niśācaraḥ I
sāndhakāramahāvātaṃ sāgnikaṇaṃ vyamuñcata II 621 II

taṃ[1] samīkṣya mahāsattvaḥ supriyaḥ sa samāhitaḥ I
dhvajāgre ratnam āropya svasti samākramat tataḥ II 622 II

avatīrya tato 'nyaṃ[2] ca parvataṃ mahaducchritam I
mahāvīryamahotsāhī[3] prāruroha samāhitaḥ II 623 II

tasya gandhaṃ samāghrāya nāgo 'gnimukha utthitaḥ I
samīkṣya tam upāyātaṃ mahāśaniṃ nyapātayat II 624 II

tad vīkṣya sa mahāsattvaḥ suvīryavān[4] samāhitaḥ I
ratnaguhāṃ samāśritya tasthau dhyātveśvaraṃ smaran II 625 II

evaṃ sapta divārātrīḥ pātayitvā mahāśanim I
tato 'nte sa mahāduṣṭaḥ suṣvāpa nidritendriyaḥ II 626 II

taṃ śayitaṃ sa vijñāya supriyaḥ susamāhitaḥ I
parvataṃ taṃ samāruhya pracakrāma vilokayan II 627 II

tataḥ sa saṃkramaṃs tatra vīkṣya samaṃ mahītalam I
saṃpaśyan sarvatas tatra pracakrāmābhinanditaḥ II 628 II

tatra taṃ prakramantaṃ sa valāhas[5] turagādhipaḥ I
samīkṣya tarasopetya saṃpaśyann evam abravīt II 629 II

ka itaḥ pāram āsādya svadeśaṃ gantum icchati I
tam ahaṃ pṛṣṭha āropya nītvā pāraṃ mahodadheḥ II 630 II

samanuprāpayiṣyāmi jambudvīpe nijālayam I
iti tridhā samākhyāya taṃ paśyann abhyatiṣṭhata II 631 II

evaṃ tadbhāṣitaṃ śrutvā supriyaḥ sa samīkṣya tam I
natvā pradakṣiṇīkṛtvā prārthayad[6] evam unmukhaḥ II 632 II

(289b) ito 'haṃ gantum icchāmi jambudvīpe nijālayam I
tan mahāsattva māṃ āśu samabhinīya prāpaya II 633 II

---

[1] tat ACDF, tan BEG
[2] nyac F
[3] mahavī° BCDE, mahadvī° AG, savīrya° F
[4] savī° mss.
[5] valāhas with sukeśas written above F, sukeśī ABCDEG
[6] °thayann mss.

evaṃ tatprārthitaṃ śrutvā sa valāho[1] hayādhipaḥ I
supriyaṃ taṃ mahāsattvaṃ saṃpaśyaṃś caivam abravīt II 634 II

yadīcchasi mahāsattva gantuṃ nijālayaṃ dhruvam I
tan mama[2] pṛṣṭha āruhya saṃtiṣṭhasva samāhitaḥ II 635 II

ity uktvā hayarājaḥ sa[3] valāhas[4] tasya pṛṣṭhakam[5] I
samupanāmya saṃpaśyann udadhim abhyatiṣṭhata II 636 II

tataḥ sa supriyo dhīmān natvā taccaraṇān mudā I
tasya pṛṣṭhaṃ samāruhya samāhito 'bhyatiṣṭhata[6] II 637 II

tataḥ so 'śvamahārājas tarasāśu vihāyasā I
caran vārāṇasīṃ nītvā tam udyāne vyamuñcata II 638 II

tatrāvatīrya tatpṛṣṭhāt pādāṃs tasya kṛpāṇidheḥ I
natvā pradakṣiṇīkṛtvā[7] saṃpaśyann evam āha tam II 639 II

dhanyo 'si tvaṃ mahāsattva sarvasattvānupālakaḥ I
yad bhavatkṛpayā svasti saṃprāpto 'haṃ nijālayam II 640 II

etaddharmānubhāvena sarvalokādhipo bhaveḥ I
sadā te maṅgalaṃ bhūyād ity uktvā praṇanāma ca II 641 II

praṇamantaṃ tam[8] ālokya[8] so 'śvarājaḥ prasāditaḥ I
evaṃ saṃrādhayām āsa saṃpaśyan sudṛśā mudā II 642 II

sādhu sādhu mahāsattva pratijñā te 'bhipūritā I
caranty evaṃ mahāsattvāḥ sarvasattvahitodyatāḥ[9] II 643 II

tataḥ so 'śvamahārājaḥ samudgamya vihāyasi I
vahnir iva samudbhāsaḥ prābhyagacchan nijālayam[10] II 644 II

---

[1] valāho with sukeśo written above F, sukeśī ABCDEG
[2] me F
[3] ABCDEG omit sa.
[4] sukeśī ABCDEG, valāhośvarājas with sukeśa above valāha F
[5] svapṛṣṭhakam ABCDEG
[6] pratiṣṭhitaḥ D
[7] °kṛtya ABCDEG
[8] samālokya D
[9] sattvahitārtha udyatā F
[10] nijāśrayam F

tataḥ sa supriyaḥ śrīmān samabhinanditāśayaḥ I
saṃpaśyan paurikāṃl lokān prayayau svagṛhaṃ mudā II 645 II

tataḥ sulapanā sādhvī[1] dṛṣṭvaiva taṃ patiṃ svakam I
snehapāśākarṣiteva gavākṣāt sahasāpatat II 646 II

patitāṃ tāṃ samālokya niśceṣṭāṃ supriyo drutam I
svāṅkam āropya tadratnatoyena prābhyasiñcata II 647 II

tatprabhāvāl labdhasaṃjñā praṇanāma priyaṃ varam I
pādau prakṣālya vanditvā mātaraṃ so 'bhyupāśrayat II 648 II

nivedya[2] nijavṛttaṃ tad dadau ratnāni supriyaḥ I
putraṃ praśaṃsayām āsa priya(290a)bhadrābhidhāmbikā[3] II 649 II

svagṛhaṃ taṃ samāyātaṃ[4] samīkṣya jñātayo mudā I
sametya kauśalaṃ pṛṣṭvā paśyanta upatasthire II 650 II

tatra sa sumatir jñātīn vṛddhān natvā yathākramam I
prajñapte svāsane tasthau saṃpaśyaṃs tān svabāndhavān[5] II 651 II

taṃ praviṣṭaṃ gṛhe śrutvā sārthavāhā mahājanāḥ I[6]
sametya kauśalaṃ pṛṣṭvā sarve 'pi samupāśrayan II 652 II[7]

tān sarvān samupāsīnān dṛṣṭvā sa supriyo mudā I
sarvam etat[8] pravṛttāntaṃ svānubhuktaṃ nyavedayat II 653 II[9]

tat samākarṇya sarve te jñātibandhujanādayaḥ I[10]
mahājanā vaṇiksaṃghāḥ paurāś caivaṃ babhāṣire II 654 II

dhanyo 'si tvaṃ mahābhāga pratijñā te 'bhipūritā I
yathā saṃsādhitaṃ vīryaiḥ sarvaṃ saṃsidhyate tathā[11] II 655 II

---

[1] pativratā written below sādhvī B
[2] nividya ACDG, nivyadya BEF
[3] priyabhadrā nāma mātā in margin. B
[4] taṃ svagṛhaṃ samā° F
[5] sabodhayan D, sabā° ABCEFG
[6] After ab AC repeat 650cd, 651 and 652ab.
[7] cd om. BE
[8] etaṃ G
[9] 653 om. BE
[10] ab om. BE
[11] sarveṣāṃ sidhyate tathā C

tal lokānāṃ hitaṃ kṛtvā[1] saṃsādhitaṃ samīhitam I
dattvābhiprepsitaṃ bhuktvā saṃcarasva sukhaṃ[2] sadā II 656 II

evaṃ saṃbhāṣya te sarve vismayāpannamānasāḥ I
tadvīryam anuśaṃsantaḥ[3] svasvagṛhaṃ mudācaran II 657 II

tataḥ sa supriyo dhīmān dhṛtvā ratnam upānayan I
nṛpasya brahmadattasya[4] saṃdraṣṭuṃ prāsaran mudā II 658 II

tatra gatvā puro rājña upasthāpya mahāmaṇim I
natvā pādau prasannāsyaḥ saṃpaśyan samupāśrayat II 659 II

samīkṣya tam upāsīnaṃ brahmadattaḥ[5] sa bhūpatiḥ I
vīryavantaṃ mahāsattvaṃ saṃpaśyann evam ādiśat II 660 II

dhanyo 'si tvaṃ mahāvīrya sarvasattvahitodyataḥ I
saṃsidhyate pratijñā te saṃprāptaṃ[6] ca samīhitam[7] II 661 II

tad yathā praṇidhānaṃ te tathā saṃsādhayādhunā I
nūnaṃ dharmānubhāvena sarvaṃ sidhyed avighnataḥ II 662 II

dattvā dānaṃ sadārthibhyo bhuktvā bhogyaṃ yathepsitam I
kṛtvā lokahitārthāni saṃcarasva śubhe sukham II 663 II

evaṃ (290b) rājñā samādiṣṭaṃ niśamya[8] so[8] 'bhinanditaḥ I
tadanujñāṃ samāsādya svagṛhaṃ prācaran mudā II 664 II

tataś caurasahasraṃ tat supriyaṃ taṃ gṛhāgatam I
śrutvā sarve sametyāśu saṃdraṣṭuṃ samupāsaran[9] II 665 II

taṃ samīkṣya puro gatvā pṛṣṭvā ca kauśalaṃ mudā I
sarvam api sahasraṃ tac cauram evaṃ babhāṣire II 666 II

---

[1] sarvalokāhitaṃ kṛtvā C
[2] sukhe ABCDEG
[3] anusaṃsmṛtvā C
[4] priya written above brahma CF; priyadattasya G
[5] priyadattaḥ ABCDEG, brahmadattaḥ F with priya written above brahma
[6] °prāptaś mss.
[7] samīhitaḥ C
[8] śrutvā so F
[9] °sarat mss.

vijānīyā mahābhāga parikṣīṇadhanāḥ sma hi[1] ı
tad bhavān naḥ punar dātuṃ mahāsampadam arhati ıı 667 ıı

iti tatprārthitaṃ śrutvā supriyaḥ so 'bhinanditaḥ ı
sarvaṃ caurasahasraṃ tat saṃpaśyann evam abravīt ıı 668 ıı

gatvā sarve 'dhunā yūyaṃ svasvāśrame samāśritāḥ[2] ı
yad abhivāñchitaṃ dravyaṃ prārthayadhvaṃ tadā natāḥ ıı 669 ıı

aṣṭamyām aham atredaṃ dhvajāgre śrīmahāmaṇim ı
samāropya samabhyarcya prārthayiṣyāmi saṃpadam ıı 670 ıı

evaṃ tatsamupādiṣṭaṃ niśamya tat sahasrakam ı
sarve[3] caurās tathety uktvā svasvālayaṃ mudāsaran[4] ıı 671 ıı

tato 'ṣṭamyām uṣaḥ snātvā supriyaḥ sa upoṣitaḥ ı
dhvajāgre tan mahāratnaṃ samāropya samarcayat[5] ıı 672 ıı

tridhā pradakṣiṇīkṛtvā[6] praṇatvā sāñjalir mudā ı
samunmukhaḥ[7] samālokya prārthayad evam ādarāt ıı 673 ıı

mahāmaṇe yad asmābhiḥ saṃprārthitaṃ dhanārthibhiḥ ı
tat sarvaṃ sarvalokānāṃ hitārthaṃ saṃpravarṣaya ıı 674 ıı

iti saṃprārthitaṃ tena supriyeṇa samīhitam ı
tadā yojanasāhasraṃ[8] prāvarṣayan nirantaram ıı 675 ıı

tat samīkṣya sahasraṃ tac caurasaṃghaṃ pramoditam ı
mudābhivāñchitaṃ yāvat tāvat tadādadau[9] dhanam ıı 676 ıı

tathā sarve 'pi lokās tat samīkṣya prābhinanditāḥ ı
yad yat samicchitaṃ[10] dravyaṃ tat tad āptaṃ samādaduḥ ıı 677 ıı

---

[1] tu E
[2] °śritāṃ ACDG
[3] sarva ABDG, sarvaṃ E
[4] °sarat AC, °sarana B
[5] samācaran CG
[6] °kṛtya ABCDE
[7] sasumukhaḥ G
[8] yojanasāhasra with vistāra above line F, °vistāraṃ ABCDEG
[9] tamādadau F
[10] samī° mss.

tadā sarve 'pi te lokāḥ sarvadravyasamṛddhitāḥ I
dattvā dānaṃ sadā bhuktvā bhogyāni prācaran sukham II 678 II

tadā sa nṛpatī rājā brahmadatto[1] narādhipaḥ I
surālayaṃ gato devaiḥ sahābhinandito 'ramat II 679 II

tatas te mantriṇaḥ (291a) sarve supriyaṃ taṃ yathāvidhi I
abhiṣicya[2] nṛpaṃ kṛtvā prabhejire 'nurāgitāḥ II 680 II

tataḥ sa supriyaḥ snātvā pañcadaśyām upoṣitaḥ I
śuddhaśīlo viśuddhātmā śuddhavastrasamāvṛtaḥ[3] II 681 II

dvitīyaratnam āropya dhvajāgre 'bhyarcya prāñjaliḥ I
kṛtvā pradakṣiṇaṃ natvā prārthayad evam unmukhaḥ II 682 II

tadaiva tan mahāratnaṃ dviyojanasahasrake[4] I
sarvadravyāṇi sarvatra prāvarṣayan[5] nirantaram II 683 II

tāni samīkṣya te lokāḥ sarve 'pi svecchayā mudā I
samādāya samāpūrya koṣṭhāgāre nyadhāpayan II 684 II

tadā sarve 'pi te lokāḥ sarvadravyasamṛddhitāḥ I
dattvā dānaṃ sadā bhuktvā bhogyāni prācaran sukham[6] II 685 II

tataḥ sa supriyo bhūyaḥ snātvāṣṭamyām upoṣitaḥ I
suvastraprāvṛtaḥ śuddhaśīlaḥ saṃyamitendriyaḥ[7] II 686 II

tṛtīyaṃ maṇim āropya dhvajāgre 'bhyarcya sāñjaliḥ I
tridhā pradakṣiṇīkṛtya natvaivaṃ prārthayan mudā II 687 II

mahāmaṇe 'tra sarvatra yad yal lokābhivāñchitam I
tat tad dravyaṃ suratnādi saṃvarṣaya nirantaram II 688 II

---

[1] priyadatto ABCDEG, brahma° corrected to priya° F
[2] °ṣiñcya mss.
[3] śucivastra° ABCDEG
[4] caturṣu yojaneṣv api ABCDEG, dviyojanasahasrake with caturṣu yojaneṣv api written above F
[5] varṣayanti C
[6] sadā ABCDEG
[7] cd śucivastrasaprāvṛtya śuddhaśīla jitendriyaḥ C

evaṃ saṃprārthite tena triyojanasahasrake[1] ।
lokaiḥ saṃprārthitaṃ yad yat tat tat sarvam avarṣayat ॥ 689 ॥

tāni samīkṣya te lokāḥ sarve samabhinanditāḥ ।
saṃgṛhya svecchayā svasvakoṣṭhāgāram apūrayan ॥ 690 ॥

tadā sarve 'pi te lokāḥ sarvadravyasamṛddhitāḥ ।
dattvā dānaṃ sadāśitvā bhogyāni prācaran sukham ॥ 691 ॥

tataḥ sa supriyaḥ snātvā pūrṇamāsyām upoṣitaḥ ।
śuddhaśīlo viśuddhātmā[2] śuddhavastrasamāvṛtaḥ ॥ 692 ॥

tac caturthaṃ mahāratnaṃ samāropya dhvajopari ।
tridhā pradakṣiṇīkṛtya sāñjaliḥ prārthayan mudā[3] ॥ 693 ॥

.... ।
mahāratnasuratnādīn pravarṣaya nirantaram ॥ 694 ॥

evaṃ saṃprārthitaṃ tena supriyeṇa hitārthinā ।
etac[4] chrīman mahāratnaṃ jambudvīpe[5] samantataḥ[5] ॥ 695 ॥

sarvaratnasuvarṇādi sarvadravyaṃ samantataḥ ।
sarvaiḥ saṃprārthitaṃ[6] sarvaṃ prāvarṣayan nirantaram ॥ 696 ॥

tāni dravyāṇi sarvāṇi sarvopakaraṇāny api ।
dṛṣṭvā sarve mudā lokāḥ svasvecchitaṃ samādaduḥ ॥ 697 ॥

tatas te mānavāḥ[7] sarve tatra parinivāsinaḥ[8] ।
sarvadravyasamāpannā babhūvuḥ śrīsamṛddhitāḥ ॥ 698 ॥

ta(291b)tas tān mānavān sarvān svapureṣu samāśritān[9] ।
supriyaḥ suprasannāsyaḥ samāmantryaivam ādiśat ॥ 699 ॥

---

[1] yojane dvādaśe tathā ABCDEG, triyojasahasrake changed to yojane dvādaśe F

[2] bhiśu° F

[3] cd tridhā pradakṣiṇaṃ kṛtve natvaivam prārtha sāñjaliḥ F

[4] tac mss.

[5] śatayojanavistare ABCDEG, jambudvīpe samantataḥ with śatayo° written above F.

[6] saṃvāṃcchitaṃ F

[7] mānuṣāḥ F

[8] jambudvīpani° with tatra pari written above F.

[9] °sarvāñ jambudvīṣu samāśritaḥ with svapure samāśritān written above F.

bhavantaḥ[1] śrūyatāṃ [!] sarve yan mayātra[2] prakathyate I
tat sarve 'pi samādhāya dhṛtvā carantu sarvadā II 700 II

yad ahaṃ badaradvīpe pragatvā kinnarīpure I
mahacchrīdasuratnāni[3] prāpya pratyāgato mudā II 701 II

etadratnāni saṃpūjya samāropya dhvajopari I
natvā dravyāṇi sarvāṇi saṃprārthayaṃ[4] kṛtāñjaliḥ I
tad etac chrīmahāratnaṃ prāvarṣayen[5] nirantaram II 702 II

etaddravyasamāpannāḥ sarve yūyaṃ samṛddhitāḥ I
samabhinanditātmānaḥ śrīmanto bhavathādhunā II 703 II

tad idānīṃ sadā yūyaṃ triratnaśaraṇāśritāḥ I
bodhicaryāvrataṃ dhṛtvā saṃcaradhvaṃ sadā śubhe II 704 II

ye viśuddhāśayā bhaktyā triratnaśaraṇāśritāḥ I
bodhicaryāvrataṃ dhṛtvā saṃcarante samāhitāḥ II 705 II

durgatiṃ te na gacchanti saṃjātāḥ sadgatau sadā I
śrīmantaḥ sadguṇādhārā bhavanti sukhinaḥ sadā II 706 II

tatas te bodhisaṃbhāraṃ pūrayitvā yathākramam I
arhantaḥ prāpya saṃbodhiṃ saugataṃ padam āpnuyuḥ II 707 II

evaṃ tatsamupādiṣṭaṃ śrutvā sarve 'pi te narāḥ I
samabhinanditātmānaḥ prasedire 'bhibodhitāḥ II 708 II

tataḥ sarve 'pi te lokāḥ saddharmābhiratāśayāḥ I
triratnaśaraṇaṃ gatvā saṃcerire susaṃvaram II 709 II

etaddharmānubhāvena sarvatrāpi mahītale I
nirutpātaṃ śubhotsāhaṃ prāvartata nirantaram II 710 II[6]

tadā sarvatra lokeṣu supriyasya mahāmateḥ I
dharmakīrtisamākhyānaṃ prāvartata nirantaram II 711 II

---

[1] bhadanta C
[2] mamātra mss.
[3] mahaśrīda° F
[4] °rthaya BC
[5] °ṣaya AG, °ṣayan BCDEF
[6] 709, 710 om. ABCDE

evaṃ sa supriyaḥ śrīmān bodhisattvo hitārthabhṛt I
sarveṣām api lokānāṃ śāstā gurur ivābhavat II 712 II

tataḥ sa supriyo rājā vṛddho 'nujīrṇitendriyaḥ I
abhiṣicyātmajaṃ[1] jyeṣṭhaṃ rājye[2] sthāpya nṛpaṃ[3] vyadhāt II 713 II

tataḥ sa janako rājyaṃ hitvā kāmavirāgitaḥ I
gatvāśrame munīndrāṇāṃ[4] brahmacaryaṃ samācarat II 714 II

tato brahmavihārī sa dhyātveśvaraṃ samāhitaḥ I
kāyaṃ tyaktvā gato[5] brahmaloke brahmeśvaro 'bhavat II 715 II

yo 'sau śrīmān mahāsattvo bodhisattvo hi supriyaḥ I
aham eva munīndro 'bhūc chākyasiṃho jagadguruḥ II 716 II

yac ca caurasahasraṃ tad ado bhikṣusahasrakam I
yā pūrvadevatā caiṣā[6] kāśyapo 'bhūn munīśvaraḥ II 717 II

yo maghaḥ sārthavāho 'bhūd bhikṣuḥ śāradvatīsutaḥ I
yo nīlādo[7] mahāyakṣa ānando 'bhūd yatis tadā II 718 II

yo (292a) 'sau candraprabho yakṣo hy aniruddho 'bhavad[8] yatiḥ[8] I
lohitākṣo mahāyakṣo devadatto 'bhavat tadā II 719 II

yo 'gnimukho mahānāgo māraḥ kāmādhipo 'bhavat I
yo[9] valāho[9] mahāśvo[10] 'bhūn maitreyo bodhicārabhṛt[11] II 720 II

mayaivaṃ bhikṣavaḥ pūrvaṃ saptadhā hitam ādadhat I
caurasahasrasaṃghebhyaḥ paritrātā vaṇigjanāḥ II 721 II

---

[1] °ṣiñcyā° mss.
[2] °tmajaṃ rājyaṃ C
[3] sasthāpya svapure nṛpaḥ C, rājya ABE, rājyaṃ G
[4] maharṣīṇām F
[5] tato ABCDEG
[6] sā F
[7] nilā° mss.
[8] bhaviṣyati A
[9] yaḥ sukeśī ABCDEG, yaḥ sukeśo F
[10] mahāśvāsai B, mahā aśva C, mahā aśvo D, mahāśvāsa E, sukeśo F, mahaśva G
[11] maitreyo bodhibhṛd abhūt ABCDE, maitriyo bodhibhṛd abhūt G

tac ca cauragaṇaṃ sarvaṃ viditvā cābhitoṣitam ।
gatvāpi badaradvīpe sādhayitvā mahāmaṇīn[1] ॥ 722 ॥

tadā[2] sa supriyaḥ śrīmāṃs tac ca caurasahasrakam ।
yathābhivāñchitair dravyais toṣayitvābhyanandayat ॥ 723 ॥

tataḥ sa nṛpatir bhūtvā jambudvīpasamāśritān ।
sarvāṃl lokān api dravyaiḥ sarvaiḥ samabhitoṣayat ॥ 724 ॥[3]

tatas tān mānavān sarvān bodhayitvā prayatnataḥ ।[4]
nivārya pāpamārgebhyaḥ saddharme samacārayat ॥ 725 ॥

etaddharmānubhāvena sa nṛpo niyatendriyaḥ[5] ।
vṛddhaḥ kāyaṃ parityaktvā brahmaloke mudā yayau ॥ 726 ॥[6]

tatra bhūtvā mahābrahmā sarvān brahmavihāriṇaḥ ।
bodhayitvānuśāsitvā bodhimārge 'nvacārayat ॥ 727 ॥[7]

evaṃ sa bhagavāñ chāstā[8] trikalpān bodhisādhanam ।
duṣkaraśatasāhasraṃ[9] bodhicaryaṃ[10] samācaran ॥ 728 ॥

labdhvā śākyakule janma cakravartinṛpo[11] bhavan[11] ।
sarvāṃl lokān durācārān samīkṣya bodhimānasaḥ[12] ॥ 729 ॥

rājyaṃ hitvā gayāśīrṣe nage gatvā samāhitaḥ ।
bodhivṛkṣatalāsīnaś caritvā duṣkaraṃ tapaḥ ॥ 730 ॥

dṛṣṭvā māragaṇān sarvān vijitya nirmalendriyaḥ ।
saṃbodhijñānam āsādya babhūva[13] bhagavāñ jinaḥ ॥ 731 ॥

---

[1] manīm A, maṇiṃ C
[2] tathā mss.
[3] 724 om. ABCDEG
[4] ab om. ABCDEG
[5] niryatmendri° F
[6] 726 om. ABCDEG
[7] 727 om. ABCDEG
[8] a ity ahaṃ bhikṣavaḥ sarve ABCDEG
[9] °sahasraṃ BFG
[10] °caryyā AC, °caryya BE, °caryyāṃ D
[11] °nṛpāśrame BE, °nṛpo bhavet CG, °nṛpo 'bhavat D
[12] bodhiyānasaḥ B, °mānasa C, bodhiyānasa G
[13] bhavābhi A, bhavāmi BCDEG

tato 'haṃ trijagacchāstā saṃbuddho 'rhan munīśvaraḥ ǀ
saddharmaṃ samupādeṣṭuṃ pracacāra prabhāsayan[1] ǀǀ 732 ǀǀ[2]

[3]evaṃ sarvatra saddharmaṃ samādiśya sasāṃghikaḥ ǀ
sarvān prabodhayan yatnād[4] bodhimārge 'nvacārayat ǀǀ 733 ǀǀ

---

[1] pracarānyatrasāsarot A, pracarānyatra bhāsayan BEG, pracarānyatrabhāsaron C, pracarānyatra bhāsarān D

[2] ABCDEG end here with the following colophons:

A: (292b) iti śrībhadrakalpāvadāne aśokopaguptasaṃbhāṣaṇe supriyasārthavāhajātakaparivarto nāma dvātriṃśatitamo 'dhyāyaḥ ǀǀ 32 ǀǀ

B: iti śrībhadrakalpāvadāne aśokopaguptasaṃbhāṣaṇe supriyasārthavā<ha>jātakaparivarto nāmāvadānadvātriṃśatitamo 'dhyāyaḥ ǀǀ śubha<ṃ> ǀǀ maṅgalaṃ bhavantu sarvadākāraśubhaṃ ǀǀ ? śreyo stu samvat 996 mti bhādravakṛṣṇapañcamiṣahna saṃpūrṇṇayānādinaṃ?jale ǀǀ rikhitaṃ kāntipuramahānagararājakṛtarttimahāvihāra srīvajrācārya (ms. varjā°) kularatna necopā ?jala śubhaṃ ǀǀ śuddhaṃ vā aśuddhaṃ (ms. asu°) vāreṣa kā doṣa (ms. dokha) na vidyate ǀǀ yathādṛṣṭaṃ tathā likhitāḥ (ms. rikhipītāḥ) ǀǀ śubhaṃ ǀǀ
In another hand, presumably a later addition:
oṃ (ms. oma?) śrīśākyanāthāya (ms. °nanāthā°) vande śrīśākyanāthaṃ ǀǀ

C: iti śrībhadrakalpāvadāne aśokopaguptasaṃbhāṣaṇe supriyasārthavāhajātakaparivarto nāma dvātriṃśatitamo 'dhyāya<ḥ> ǀǀ śubhaṃ ǀǀ 32 ǀǀ (aṣṭama written above the line over dvātriṃsatitamo)

D: iti śrībhadrakalpāvadāne aśokopaguptasaṃbhāṣaṇe supriyasārthavāhajātakaparivarto nāma dvātriṃśatitamo 'dhyāyaḥ ǀǀ 32 ǀǀ

E: The colophon in E is the same as that of B, except for marks normally used in Nepalese manuscripts to indicate an omission over śrībhadrakalpāvadāne.

G: iti śrībhadrakalpāvadāne aśokopaguptasaṃbhāṣaṇe supriyasārthavāhajanmaparivarto nāma dvātriṃśatitamo 'dhyāyaḥ ye dharmātyādi śubhaṃ maṅgalaṃ bhavantu sarvadā ǀǀ

[3] F continues with verses 733ff.

[4] yatnān F

tathā c<ās>au munīndraḥ sasārthair vaṇigbhir anvitaḥ |
sasāṃghiko mahāraṇyam upāsarat prabhāsayan[1] || 734 ||

ta<m> etaṃ samupāyātaṃ dṛṣṭvā caurasahasrakam |
sahasopetya taṃ[2] sārtham uparudhyābhyatiṣṭhata[3] || 735 ||

samīkṣya sa jagannāthas taṃ sārthaṃ cauranāśitam[4] |
tebhyaś[5] caurasahasrebhyo dattvā dravyāṇy arakṣata || 736 ||

evaṃ sa bhagavān nātho mārge sārthaṃ vaṇiggaṇam |
caurebhyaḥ saptadhā tebhyo dattvā dravyāṇy arakṣata || 737 ||

anabhitoṣitān matvā tāṃś caurān sa munīśvaraḥ |
dravyaiḥ saṃtoṣitān kṛtvā bodhimārge 'nvacārayat || 738 ||

evaṃ sarveṣu lokeṣu sarvāṃl lokān prabodhayan |
bodhimārge pratiṣṭhāpya prācārayan[6] munīśvaraḥ || 739 ||

evaṃ śāstā jagannāthaḥ sambuddho bhagavāñ jinaḥ |
sarvalokeṣu saddharmaṃ prakāśayan sadācarat || 740 ||

ye 'py asmattrijagacchāstur[7] bhagavato mahāmuneḥ |
sambodhisādhanaṃ dharmaṃ śṛṇvanti śraddhayā mudā || 741 ||

te sarve 'pi munīndrasya śraddhā<ḥ> subhakticāriṇaḥ |
durgatiṃ na sadā yānti sadgatāv eva sarvadā || 742 ||

śrutvā ye cānumodanti tat saddharmānubhāṣaṇam |
te 'pi na durgatiṃ yānti sadgatāv eva sarvadā || 743 ||

ye cāpy asmajjagacchāstuḥ[8] śraddhāḥ subhaktimānasāḥ |
sambodhisādhanaṃ dharmaṃ śrāvayanti subhāvinaḥ || 744 ||

.... |
te 'pi na durgatiṃ yānti sadgatāv eva sarvadā || 745 ||

---

[1] °saran F
[2] tat F
[3] upabudhyā° F
[4] caurarāśi° F
[5] tebhyo F
[6] prācareyan F
[7] asmatrigajac° F
[8] asvajagacchāstu F

.... ।
te 'pi na durgatiṃ yānti sadgatāv eva sarvadā ॥ 745 ॥

ye cāpi saṃprabhāṣanti sambuddhaguṇaśāsanam ।
te 'pi na durgatiṃ yānti yānty eva sadgatau sadā ॥ 746 ॥

ete sarve vikalmāṣāḥ pariśuddhatrimaṇḍalāḥ ।
bodhisattvā mahāsattvāḥ śrīmahatsaṃpadāśrayāḥ ॥ 747 ॥

sarvavidyāguṇādhārāḥ sarvadharmānuśāsakāḥ ।
sarvasattvahitaṃ kṛtvā saṃcarante sadā śubhe ॥ 748 ॥

tatas te nirmalātmānaḥ subhāvinaḥ śubhendriyāḥ ।
krameṇa bodhisaṃbhāraṃ pūrayitvā samāhitaḥ ॥ 749 ॥

bhadracaryāṃ samāsādya saṃcaranto jagaddhite ।
arhanto bodhim āsādya sambuddhapadam āpnuyuḥ ॥ 750 ॥

etat satyaṃ parijñāya sambodhijñānavāñchinaḥ ।
sambodhisādhanaṃ dharmaṃ śṛṇvantu śraddhayā mudā ॥ 751 ॥

tathā śrutvānumodantaḥ śrāvayantu parān api ।
tathānuśikṣamāṇāś ca prabhāṣantu sabhāśritāḥ ॥ 752 ॥

etadbhaktimahāsevā munīndrāṇāṃ nigadyate ।
ato 'nyadbhaktisevābhir labhyeta na mahat phalam ॥ 753 ॥

tathaitadbhaktisevābhis tuṣṭāḥ sarve munīśvarāḥ ।
tathā tadā jayastotrai[1] ratnai<r> dravyai<r> na toṣitāḥ ॥ 754 ॥

etat svayaṃ samākhyātaṃ munīndreṇa samantataḥ ।
tathānubhāṣitaṃ sarvair yatibhiḥ śrūyate mayā ॥ 755 ॥

yatra saṃbhāṣyate caitat saddharmaṃ bodhisādhanam ।
tatra sadā nirutpātaṃ śubhotsāhaṃ cared api ॥ 756 ॥

kāle sadā pravarṣeyur meghāḥ śuddhāmbuvāhinaḥ ।
sarve 'pi <te> ca śasyāni[2] <saṃ>padyeyuḥ samantataḥ ॥ 757 ॥

ītaya upasargāṇi varteyur na kadā cana ।
bhayāny api ca sarvāṇi na vidyeyuḥ samantataḥ ॥ 758 ॥

---

[1] jayaiḥ stostrai F
[2] sarve piśca F with śasyāni in the margin.

bhaved rājāpi dharmiṣṭhaḥ sarvalokahitārthabhṛt |
mantriṇo nītividvāṃsaḥ[1] satyadharmārthasādhanāḥ || 759 ||

amātyāś ca mahāvīrāḥ svāmisevānurāgiṇaḥ |
bhṛtyāḥ susevakā dhīrāḥ satyadharmānucāriṇaḥ || 760 ||

prajāḥ paurāś ca sarve 'pi dhaninaḥ śrīsamāśrayāḥ |
dātāraḥ śuddhacittāś ca bhaveyur dharmalālasāḥ || 761 ||

evaṃ sarve 'pi lokāś ca satyadharmārthasādhinaḥ |
kuladharmānusaṃraktā bhaveyuḥ śuddhamānasāḥ || 762 ||

bahukṣīrapradā gāvo dugdhāḍhyāś[2] ca supathyikāḥ |
sadā saṃpuṣpitā vṛkṣāḥ saurasyaphalino drumāḥ || 763 ||

sarve devādhipās tatra paśyeyuḥ sudṛśā sadā |
sarve lokādhipāḥ[3] kuryuḥ samīkṣantaḥ śubhaṃ sadā || 764 ||

arhanto 'pi sadā tatra munayo brahmacāriṇaḥ |
yatayo yatinaś[4] cāpi[4] kuryuḥ samīkṣya bhadrakam || 765 ||

bodhisattvāś ca sarve 'pi mahāsattvā maharddhikāḥ |
sadā tatra samīkṣantaḥ kuryur bhadraṃ samantataḥ || 766 ||

grahāḥ sarve 'pi tārāś ca mātṛkāḥ sagaṇā api |
sarve siddhāś ca vīkṣantaḥ sadā kuryuḥ sumaṅgalam || 767 ||

munīndrā api sarve ca saṃbuddhāḥ sugatā jināḥ |
mudā tatra samīkṣantaḥ cārayeyuḥ śivaṃ sadā || 768 ||

etaddharmānubhāvena sadā tatra subhadrakam |
nirutpātaṃ mahotsāhaṃ saṃcareta samantataḥ || 769 ||

sarvanīvaraṇotpannaṃ[5] sarvatī<r>thābhiṣekajam |
sarvacaityārcanotpannaṃ puṇyam etan mahattaram || 770 ||

---

[1] °vidvāśca F
[2] ? drāghadhyopi F
[3] °dhikāḥ F
[4] yāti naśyāvi F
[5] sarvaṇivācānotpanna F

tato[3] 'dhikaṃ mahat puṇyaṃ nūnaṃ te samavāpnuyuḥ |
idaṃ śrutvānumodanti śrāvayanti vadanti ye[1] || 771 ||

evaṃ tenārhatādiṣṭaṃ śrutvāśoko nṛpo mudā |
sa<ha> sarvasabhālokai<ḥ> prābhyanandat prabodhitaḥ || 772 ||

tato 'śoko[2] mahīpālaḥ samantrijanasaṃcayaḥ[3] |
tam arhantaṃ mahāsattvaṃ praṇatvā svālayaṃ yayau || 773 ||

paurā jānapadā grāmyāḥ sarve pārvatikā api |
śilpinaḥ vaṇijāś[4] cāpi sārthavāhā mahājanāḥ || 774 ||

yogino yatayaś cāpi sarṣayo brahmacāriṇaḥ |
tam arhantaṃ mahābhijñaṃ natvā svasvālayaṃ yayuḥ || 775 ||

tataḥ so 'rhan mahāsattva upagupto yatīśvaraḥ |
svālayāsanam āśritya tasthau dhyātvā samāhitaḥ || 776 ||

---

[1] me F
[2] tataḥśoko F
[3] °saṃyayaḥ F
[4] vāṇi° F

evaṃ jayaśriyā śāstrā samādiṣṭaṃ niśamya te I
jayabhadrādayaḥ śiṣyāḥ prābhyanandan prabodhitāḥ II 777 II[1]

[1] F has the following colophon: iti sa<ṃbha>drāvadānamālāyāṃ bhagavatsupriyasārthavāhajanmāvadānaparivartaś (ms. pravṛttaś) catvāriṃśad adhyāyaḥ samāptaḥ II śubham astu jagatāṃ sadā II

< ⏑ > sti naipālike varṣe hayaśūnyagajānvite I
pauṣaśuklatrayodaśyāṃ rohiṇyāṃ śubhayogake II i II

śukravāre samāpteyaṃ buddhāvadānamālikā I
likhitā bodhisattvena śrījayamuninā mudā II ii II

<e>tatpuṇyānubhāvena sarve lokāḥ śubhendriyāḥ I
triratnabhajanāraktā bhavantu bodhicāriṇaḥ II iii II

etatpuṇyaprabhāvaiś ca sarvatrāpi nirantaram I
nirutpātaṃ śubhotsāhaṃ saṃpravartatu sarvadā II iv II

analād bhūmikāt kīṭāt ⏓ ⏓ ⏓ ca jalād api I
rakṣa ⏓ ⏓ ⏑ — — — prayatnena mudādarāt II v II

anyebhyo 'pi na dātavyaṃ ⏓ ⏓ ⏓ rthaṃ tathaiva ca I
yāvat tiṣṭhati (me gehe) paṇḍitaḥ śrāvakaḥ kule II vi II

lobhād vāpi bhayād vāpi yasmai yo — ⏑ — tathā I
⏓ ⏓ ⏓ ⏓ ⏑ — — — sadā nārakavāsino II vii II

śubham astu sadā.

v.a) analāt bhūmikāt kītāt F v.b) reading not clear vi.c) me?he
vii.b) ? daṃpate vii.c) ya?pātakaṃbhājotau

INDEX OF PROPER NAMES

Agnimukha (*nāga*) 606, 624, 720 (identified as a former incarnation of Māra)
Aniruddha (monk, disciple of Śākyasiṃha Buddha) 719
Amoghā (medicinal plant) 114, 139
Ayaskīla (mountain) 163
Ayaskīlā (river) 164
Aṣṭādaśavakra (mountain) 165
Aṣṭādaśavakrikā (river) 167
Ānanda (monk, disciple of Śākyasiṃha Buddha) 718
Āvarta (mountain) 123
Āśīviṣa (mountain) 182
Āśīviṣa (river) 183
Upagupta (*arhat*) 776
Eraṇḍā (*dhāraṇī*) 133
Kāśi (region) 3, 14
Kāśyapa (Buddha) 717
Gayāśīrṣa (mountain) 730
Candraprabha (*yakṣa*) 381, 392, (identified as a former incarnation of Aniruddha) 719
Jambudvīpa (continent of India) 242, 631, 633, 724
Jayabhadra (pupil of Jayaśrī) 777
Jayaśrī (teacher) 777
Jyotīrasa (gem) 179
Tāmrākṣa (serpent) 149
Tāmrāṭavī (forest) 148, 156
Triśaṅku (mountain) 159
Triśaṅku (river) 161
Triśaṅku (kind of thorn found on the mountain Triśaṅku) 160
Triśaṅkukā (river) 163
Devadatta (contemporary of Śākyasiṃha Buddha) 719
Dhūmanetra (mountain) 173
Nīlagrīva (*niśācara*, a night-roaming demon, residing on the mountain Nīloda) 137
Nīlāda (*yakṣa* residing on a high mountain) 368, 371, 373, (identified as a former incarnation of Ānanda, disciple of Śākyasiṃha) 718
Nīloda (mountain) 136-137
Nīloda (ocean) 129, 136
Prabhāsvarā (medicinal plant) 387, 394, 397
Priyabhadrā (mother of *bodhisattva* Supriya) 649
Priyasena (merchant of Benares, father of *bodhisattva* Supriya) 4, 243
Badara (city) 97

Badaradvīpa (place) 100, 102, 107, 193, 198, 207, 227, 286, 295, 302, 308, 342, 346, 401, 599, 722, (referred to as a city) 246, 252, 344, 404, (referred to as a city of the *kinnarīs*) 701
Brahmadatta (king) 3, 9, 658, 660, 679
Makarī (medicinal plant) 132
Magha (merchant) 192, 223, 225, 227, 228, 233, 239, 241, 247, 257, 260, 266, 267, 270, 278, 280, 282, 288, 290, 296, 298, 303, 305, 309, 311, 314, 316, 320, 321, 324, 326, 331, 333, 337, 339, 343, 345, 348, 350, 355, 356, (identified as a former incarnation of Śāradvatīsuta) 718
Māra (the Evil One) 720, (his followers referred to) 731
Maitreya (*bodhisattva*) 720
Yama (death personified) 174
Raktākṣa (*rākṣasa*) 129
Rohitaka (country) 187
Rohitaka (city in the country of Rohitaka) 223
Rohitaka (king in the city of Rohitakaṇṭha) 192
Rohitakaṇṭha (city in the country of Rohitaka) 187
Lohitākṣa (*rākṣasa*) 603, (called a *niśācara*) 621, (called a *mahāyakṣa* and identified as a former incarnation of Devadatta) 719
Valāha (horse-king) 610, 612, 629, 634, 636, (identified as a former incarnation of *Maitreya bodhisattva*) 720
Vārāṇasī (city) 4, 33, 58, 65, 74, 243, 638
Vairambha (ocean) 145
Vairambhā (winds) 117, 145
Śaṅkha (*rākṣasa*) 123
Śaṅkhanābhī (medicinal plant) 124
Śākyakula (clan) 729
Śākyasiṃha (Buddha) 716
Śāradvatīsuta (monk, disciple of Śākyasiṃha Buddha) 718
Śrī (goddess of prosperity) 189
Ślakṣṇa (mountain) 169
Ślakṣṇā (river) 171
Saṃjīvanī (medicinal plant) 179
Saṃmohanī (medicinal plant) 151
Sudhāvarṇa (mountain) 186
Supriya (son of a merchant) 5, (subsequently a merchant) 9ff, (anointed as king) 680, (referred to as king) 713, (referred to as *bodhisattva*) 712, 716
Sumeru (mountain) 571
Sulapanā (wife of Supriya) 216, 646

BIBLIOGRAPHY

Cowell, E.B., and Neil, R.A.
See Divyāvadāna

Das, S.C., and Paṇḍit Hari Mohan Vidyābhūṣana
See Kṣemendra: *Bodhisattvāvadānakalpalatā*

Divyāvadāna
Cowell, E.B., and Neil, R.A., ed. *The Divyāvadāna*. Cambridge 1886.
Vaidya, P.L., ed. *Divyāvadāna*. Darbhanga 1959

Frye, Stanley
The Sūtra of the Wise and the Foolish (mdo bdzans [!] blun) or The Ocean of Narratives (üliger-ün dalai). Translated from the Mongolian. New Delhi. (Library of Tibetan Works and Archives) 1981.

Goshima, Kiyotaka and Noguchi, Keiya
A Succinct Catalogue of the Sanskrit Manuscripts in the Possession of the Faculty of Letters, Kyoto University. Kyoto 1983.

Hahn, Michael
Das Datum des Haribhaṭṭa. In: *Studien zum Jainismus und Buddhismus*. Gedenkschrift für Ludwig Alsdorf. Hrsg. von Klaus Bruhn und Albrecht Wezler. Wiesbaden 1981. (= *Alt- und Neu-Indische Studien* 23.) Pp. 107-120.

Handurukande, Ratna
The Maṇicūḍa Study. Buddhist Studies. (Bukkyō Kenkyū). Vol. V. Edited by the International Buddhist Association. Hamamatsu. Japan.

Haribhaṭṭa: *Jātakamālā*
Haribhaṭṭa's Jātakamālā. The Eleven Legends Available in Sanskrit. Ed. by Michael Hahn. Kathmandu 1988/9. (In the press)

Jātaka
The Jātaka together with its Commentary. For the first time edited in the original Pāli by V. Fausbøll. Vol. II. First published 1879. Reprinted London 1963.

The Jätaka or Stories of the Buddha's former births. Vol. II. Translated by W.H.D. Rouse. First published 1895. Reprinted London 1957.

Journal of the Buddhist Text Society of India
Vol. III, part I. Calcutta 1895; vol. III, part III. 1895.

Kṣemendra: *Bodhisattvāvadānakalpalatā*
Avadānakalpalatā (later: *Bodhisattvāvadānakalpalatā*) Avadána Kalpalatá ..... With its Tib. version ..... ed. ..... by Sarat Chandra Dás and Hari Mohan Vidyábhushaṇa (and Satis Chandra Vidyābhūṣaṇa). Vol. 1.2. Calcutta 1988-1913, (Bibliotheca Indica. New Series. 693 et al.)
Vaidya, P.L. ed. *Avadānakalpalatā of Kṣemendra*. 2 vols. Darbhanga 1959.

Malalasekera, G.P.
Dictionary of Pali Proper Names. Vol. II. London 1938.

Matsunami, Seiren
A Catalogue of the Sanskrit Manuscripts in the Tokyo University Library. Tokyo 1965.

Rockhill, W.W.
Tibetan Buddhist Birth-stories. Extracts and Translations from the Kandjur. In: *Journal of the American Oriental Society* 18 (1897).

Vaidya, P.L.
See: Divyāvadāna
See: Kṣemendra: *Bodhisattvāvadānakalpalatā*

Winternitz, M.
A History of Sanskrit Literature. Vol. II. Calcutta 1933.

NDICA ET TIBETICA

Monographien zu den Sprachen und Literaturen
des indo-tibetischen Kulturraumes

Herausgegeben von Michael Hahn
unter Mitarbeit von Jens-Uwe Hartmann und Konrad Klaus

: Nāgārjuna's Ratnāvalī. Vol. 1. The Basic Texts (Sanskrit, Tibetan, Chinese). By Michael Hahn. Bonn 1982. 34, 208 pp. ISBN 3-923776-00-4

: Das Maitrakanyakāvadāna (Divyāvadāna 38). Sanskrittext und deutsche Übersetzung. Von Konrad Klaus. Bonn 1983. 108 S. ISBN 3-923776-01-2

: Das Mṛgajātaka (Haribhaṭṭajātakamālā XI). Studie, Texte, Glossar. Von Michael Hahn und Konrad Klaus. Bonn 1983. 108 S. ISBN 3-923776-02-0

: Five Buddhist Legends in the Campū Style. From a Collection Named Avadānasārasamuccaya. Edited and translated with an introduction.
By Ratna Handurukande. Bonn 1984. (63), 234 pp. ISBN 3-923776-03-9

: Nächtliches Wachen. Eine Form indischen Gottesdienstes. Von Monika Thiel- Horstmann. Bonn 1985. 126 S. 3 Tabellen. ISBN 3-923776-05-5

: Die Śīghrabodhinīnāmamālā des Puṇḍarīka Viṭṭhala. Ein synonymisches Wörterbuch des Sanskrit aus dem 16. Jahrhundert. Herausgegeben und übersetzt von Ardo Schmitt-Rousselle. Bonn 1985. 160 S. ISBN 3-923776-06-3

: Ārya-Śūra's Compendium of the Perfections: Text, Translation and Analysis of the Pāramitāsamāsa. By Carol Meadows. Bonn 1986. XII, 372 pp. ISBN 3-923776-07-1

: Die altindische Kosmologie. Nach den Brāhmaṇas dargestellt. Von Konrad Klaus. Bonn 1986. 198 S. ISBN 3-923776-09-8

: Lehrbuch der klassischen tibetischen Schriftsprache. Von Michael Hahn. 5. verbesserte Auflage. Bonn 1985. (12), 364 S. ISBN 3-923776-10-1

: Vicitrakusumāñjali. Volume Presented to R.O. Meisezahl. Edited by Helmut Eimer. Bonn 1986. XIV, 146 pp. ISBN 3-923776-11-X

: Towards a New Edition of Ārya-Śūra's Jātakamālā. By Peter Khoroche. Bonn 1987. 76 pp. ISBN 3-923776-12-8

: Indology and Indo-Tibetology. Thirty Years of Indian and Indo-Tibetan Studies in Bonn. Edited by Helmut Eimer. Bonn 1988. 192 pp. ISBN 3-923776-13-6

: Emendationen zum Jaiminīya-Brāhmaṇa (Zweites Buch). Von Gerhard Ehlers. Bonn 1988. XXXVI, 135 S. ISBN 3-923776-14-4

: The Supriyasārthavāhajātaka. Ed. with an introduction by Ratna Handurukande. Bonn 1988. 108 pp. ISBN 3-923776-15-2

·beitsmaterialien

Prajñāvarman's Udānavargavivaraṇa. Transliteration of its Tibetan version (based on the xylographs of Chone/Derge and Peking). Vol. I. II. by Michael Balk. Bonn 1984. XII, 1088 pp. ISBN 3-923776-08-X

Indica et Tibetica Verlag, Steinbachstraße 30, D-5357 Swisttal 6